U1004203

chanel

12岁懂自己

青春期女孩需要知道的31件事

马小娜 著

吉林出版集团股份有限公司 | 全国百佳图书出版单位

版权所有 侵权必究

图书在版编目（CIP）数据

12 岁懂自己：青春期女孩需要知道的 31 件事 / 马小娜著 . -- 长春：吉林出版集团股份有限公司，2020.3（2024.3 重印）

ISBN 978-7-5581-2387-0

Ⅰ . ① 1… Ⅱ . ①马… Ⅲ . ①女性—青春期—健康教育—青少年读物 Ⅳ . ① G479-49

中国版本图书馆 CIP 数据核字（2020）第 032729 号

SUI DONG ZIJI QINGCHUNQI NÜHAI XUYAO ZHIDAO DE JIAN SHI

12 岁懂自己：青春期女孩需要知道的 31 件事

著　　者： 马小娜　　**图文统筹：** 上品励合（北京）文化传播有限公司
出版策划： 崔文辉　　**装帧设计：** 门乃婷工作室
选题策划： 任健威　　**封面插画：** 假小甜瓜插画工作室
责任编辑： 王诗剑　　**内文插画：** 卡森工作室
责任校对： 王 媛 侯 帅 刘 洋

出　　版： 吉林出版集团股份有限公司
（长春市福祉大路 5788 号，邮政编码：130118）
发　　行： 吉林出版集团译文图书经营有限公司
（http://shop34896900.taobao.com）
电　　话： 总编办 0431-81629909　营销部 0431-81629880/81629900
印　　刷： 三河市嵩川印刷有限公司

开　　本： 787mm × 1092mm 1/32
印　　张： 6.375
字　　数： 80 千字
版　　次： 2020 年 3 月第 1 版
印　　次： 2024 年 3 月第 4 次印刷
书　　号： ISBN 978-7-5581-2387-0
定　　价： 29.80 元

印装错误请与承印厂联系　电话：13932608211

把我心中的小秘密，
分享给即将成为少女的你

目 录

◇ 好朋友啊好朋友，快出来吧……2
◇ 我能和你说说女孩的小秘密吗……4
◇ 我的胸部鼓起来了，是不是生病了……6
◇ 原来是雌激素让胸部变大了……10
◇ 胸部可不只是会变大哟……13
◇ 啊？大小胸……18
◇ 一定要穿文胸吗……22
◇ 乳头上为什么会有乳白色的东西……26
◇ 呜……我下面怎么会长毛毛啊……28
◇ 我腋下居然也长毛毛了……32
◇ 我的汗毛为什么变多变黑了呢……35
◇ 我的身体到底还要发生什么变化呀……38
◇ 天哪！我的下面出血啦……44

◇ 原来是月经，妈妈说我会越来越漂亮……46
◇ 什么是月经……54
1. 月经是女孩的一种正常生理现象……55
2. 女孩多大会来月经……56
3. 第一次来月经，身体会有先兆吗……57
4. 正常的月经是有周期规律的……58
5. 学会记录自己的月经周期……60
6. 月经比预计日来得早或晚是怎么回事……62
7. 什么样的月经是正常的呢……64
8. 月经会伴随我们多久呢……68

◇ 为什么只有女孩会来月经……70
1. 我们体内的生殖器官……71
2. 宝宝的家在“子宫”……72
3. 来了月经之后就要排卵了……76
4. 卵子和精子结合才会有宝宝……78
5. 让宝宝的“家”更结实、更有营养……80
6. 精子失约，月经来临……81
7. 如何计算排卵期……84

◇ 卫生巾选什么样的好呢……86
1. 卫生巾的种类有哪些……87
2. 怎样选择适合自己的卫生巾……90
3. 卫生巾应该多长时间换一次呢……92
4. 月经量多时这样做就不会弄脏衣物了……93
5. 用过的卫生巾要这样处理……94
6. 上学时，卫生巾怎么带比较好……96
7. 没有卫生巾的时代，人们是怎么办的呢……98

◇ 经血有怪味儿……102
◇ 经期要做好日常护理……106

1. 注意休息，保证充足的睡眠……106
2. 经期要淋浴，不要泡澡……107
3. 注意让阴部透透气……107
4. 注意防寒保暖……108
5. 经期吃什么……109
6. 适当活动可以使月经更畅通……110
7. 月经期间不要游泳……111

◇ 啊啊啊！肚子好痛啊……114
1. 原来这就是痛经啊……115
2. 你属于哪种痛经呢……116
3. 什么？痛经还有原发性的……117
4. 继发性痛经要赶紧就医……121

◇ 来月经前，胸部怎么也痛啊……126
◇ 我知道了，这叫经前期综合征……128
◇ 阴部要保持清洁干净……130
1. 我们的私密处是这样子的……131
2. 怎样清洗外阴才是正确的……132
3. 便后一定要从前往后擦……135
4. 上公共卫生间时要注意什么……137
5. 内裤要选好，最好一天一换……142

◇ 内裤上白色的东西是什么……144
1. 妈妈说这就是白带……145
2. 白带有什么用……146
3. 什么样的白带是正常的……147
4. 什么样的白带不正常……148

◇ 白带有味儿，下面还很痒，好难受啊……150
◇ 妈妈带我去医院妇科检查了……151

◇ 呜呜……医生说我患了阴道炎 158
◇ 都是护垫惹的祸 160
◇ 我的阴道炎终于好啦 162
◇ 其他的妇科检查还有什么 163
◇ 我怎么感觉臀部变大了 170
◇ 应该学着自己检查乳房了 172
◇ 关于宝宝的那些事 175
  1. 小宝宝是怎么生出来的 175
  2. 为什么有人生男孩，有人生女孩 182
  3. 双胞胎是怎么产生的 183
  4. 什么是处女膜 184
◇ 要不要再找一些新朋友 187
◇ 又有好多朋友加我为好友了 189

让我们开始吧！

好朋友啊好朋友，快出来吧

朋友你好，我叫糖蜜，今年 12 岁。
我是家里唯一的孩子，有时觉得很孤单。
妈妈是妇科医生，爸爸是程序员，
因大人们的工作，
我跟着他们来到了这里。
新家、新学校、新老师，一切都好新鲜。
只是，没有熟悉的朋友，有那么一点点孤单。
所以，我决定，要用微信摇出一个好朋友。
不知道你是不是跟我一样，
是个十几岁的女孩呢？
好期待收到你的回复。

我能和你说说女孩的小秘密吗

你好，糖蜜。

太好了，终于等到你的信息了，我好开心！

我也是，我先自我介绍一下吧：我叫雪儿，跟你一样大，是个女孩哟！

认识你真开心。最近不知怎么了，我情绪很不好，动不动就发火，妈妈说的话我一个字都听不进去。所以，我希望能找到一个好朋友说说心里话。

嗯，没关系，有什么话都可以对我说，说不定我们能成为未谋面的知己。

那可太好了。我能和你说说咱们女孩的小秘密吗？

好啊！其实，我也有一些不好意思说出来的秘密，咱们可以对彼此倾诉。

我的胸部鼓起来了，是不是生病了

雪儿，你在吗？

我今天想跟你说第一个秘密，你可要帮我保守秘密哟！

今天早上起来，我觉得胸有点儿胀痛，用手一摸，感觉里面长了个硬硬的疙瘩，一按还咝咝地疼。我有点儿担心，我会不会是生病了？你也这样吗？

你知道的，这种事没办法和别人说，我总感觉羞羞的，难以开口。

为了查明原因，我去照镜子看了看，发现胸部有点儿微微鼓起！雪儿，你也跟我一样吗？

糖蜜，你说的这些变化我都出现过，而且现在也是这样。我现在走路都低着头，含着胸，瘦点儿的衣服都不敢穿了，就怕别人注意到我的胸部。糖蜜，我记得你说过，你的妈妈是妇科医生。你可以问问她，我等你给我的回复哟！

雪儿，看到你的信息了，今天太晚了。明天我再去找妈妈问清楚吧！晚安！

雪儿，那个问题，我问清楚啦！妈妈说那不是什么病，只要是女孩都会这样。这是胸部发育的象征，说明从现在起，咱们就要变成亭亭玉立的少女了。

怪不得妈妈的胸部那么鼓，穿衣服也好看。我也好想变成那个样子啊！你呢？

我现在挺开心的，为了可以正常发育，现在忍受点儿疼痛算不了什么。不过我妈妈也说了，等胸部完全发育之后就不会再痛了，所以我们就耐心等待吧！

另外，妈妈还对我说，千万不要因为难为情而总是低头含胸，这样会影响身体的正常发育，还可能会让我们变成驼背女孩！所以，我们不用觉得不好意思，更不用躲藏，**大大方方地抬起头，挺起胸**，做个自信的女孩！

原来是雌激素让胸部变大了

雪儿，这两天我一直在想一个问题，为什么我们女孩到了青春期胸部就会变大？是怎么变大的？你不好奇吗？

昨天问妈妈的时候，她告诉了我一个新词，叫“**雌激素**”。

雪儿，你听说过这个词吗？

女孩到了青春期，胸部变大，就是雌激素发挥的作用。没有雌激素，胸部就没办法长大。

为了让我把这件事弄明白，妈妈还给我看了下面这张图，她告诉我：

胸部是由脂肪组织和乳腺组成的，乳腺在里面，外面有一层脂肪组织保护着它。

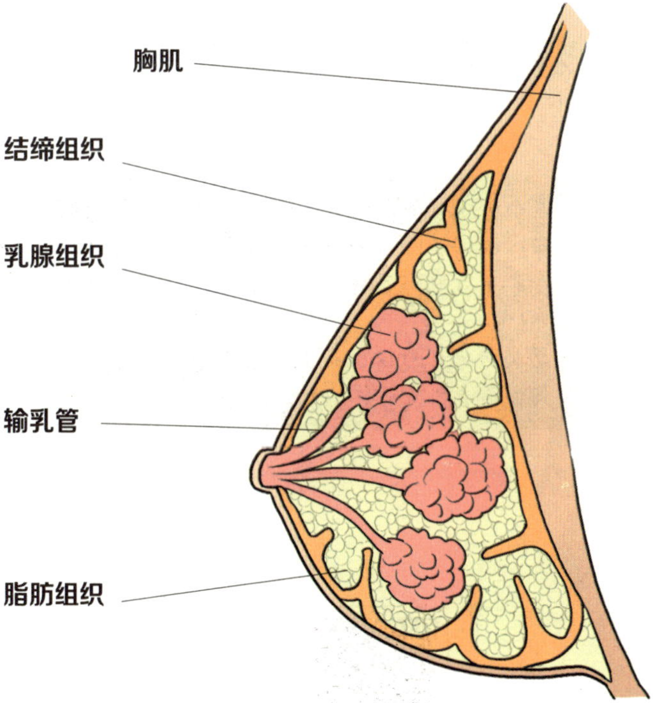

当雌激素分泌多了，就会刺激乳腺，让乳腺不断生长变大。而脂肪组织呢，为了保护乳腺，也会有不少聚集在这里。

乳腺组织是比较硬的，而脂肪组织比较柔软，所以，脂肪组织包裹着不断发育的乳腺组织，于是胸部逐渐隆起，而且还很有弹性呢。

原来胸部是这样变大的啊！我可不希望长一对大大的胸，不好看，当然也别太小啦！糖蜜，我听说胸部的大小跟遗传有关，你说我们的胸部大小，会不会跟妈妈的一样？

这个……确实和遗传有关，不过也不是绝对的。我们还小，胸部还在发育呢！不过我还是盼望着胸部不大不小正合适，那该多好看啊！

妈妈的胸部好像就是不大不小的，那我的胸部会不会也是这样的啊，嘻嘻！

解密青春期
聆听有声书
花季答疑台
心事日记本
扫码解锁

胸部可不只是会变大哟

雪儿，现在我已经不纠结胸部大小的问题了。不过，我还知道了一件有趣的事情：胸部不仅会变大，还会出现一些其他的变化，比如说胸部顶端有一个硬硬的乳头凸出来，乳头边缘的褐色皮肤部分也比原来大了一圈，颜色也变得更深了。这部分褐色的皮肤就叫乳晕，里面有毛发和腺体。

青春期女孩胸部发育时，每一个阶段都有不同的变化，随着胸部渐渐丰满，乳头、乳晕都会出现明显的变化，所以，没必要太过担心，这都是正常的。不仅我是这样，所有即将变成美少女的女孩们都一样哟！

温馨提示：受地区、种族等因素的影响，女性乳房开始发育的时间各不相同，而乳房从开始发育到完全成熟，大约需要 3~5 年的时间。

嗯，那我现在的胸部就属于青少年时期了。

雪儿，告诉你一件让我感到困惑的事情，而且这件事已经困扰我很长时间了。我听说乳头有时候会向内凹陷着长！我很担心会长成那样。可是，妈妈是这样跟我解释这个问题的……

如果你身边也有这种疑问的朋友，或者有乳头凹陷生长的朋友，你可以跟她们解释一下。不过，你千万不要说是我告诉你的哟！这简直太难为情了。

扫码解锁

- 解密青春期
- 聆听有声书
- 花季答疑台
- 心事日记本

不用担心，你的情况不算严重。如果你特别担心的话，妈妈可以教给你一个让乳头凸出来的小方法，就是用拇指和食指捏住乳头，轻轻向外提拉，每天做 1~2 次，每次 3~5 分钟就可以了。注意动作要轻哟，坚持一段时间，乳头就会凸出来了。

这样到底管不管用啊？不管了，先坚持一段时间试试看。

雪儿，我还听说人打寒战的时候，乳头会凸出来，变得硬挺挺的。嘻嘻，有趣吧？也不知道是不是真的，下次遇到这种情况，我要验证一下！

啊？大小胸

对了，雪儿，还有一件事要告诉你，据说将来胸部继续变大的话，有可能会两边大小不一样。

你是不是和我一样，也被吓到了？我也是啊，我仔细对比了一下自己的胸部，好像是有点儿不一样啊。

可能是日有所思，夜有所梦吧，我晚上睡觉的时候，居然梦见自己的胸部不一样大，直接吓醒了！

这梦真是太惊悚了！我讲给妈妈听，妈妈就笑我是自己吓自己。妈妈说，我们还在生长期，两个乳房一个先发育或者一个比另一个发育得快，都是常见的生理现象。

原因嘛，可能是一侧胸部对雌激素更敏感一些，所以发育得也就快一些，而不敏感的一侧就小一些。不过，等青春期过去，胸部发育成熟了，两侧的胸部就会差不多大了。

所以啊，如果你以后遇到这样的问题，也不用担心啦！

我还听说，当胸部发育快成熟的时候，如果不穿文胸支撑胸部的话，就会使胸部负担不均匀，也可能会出现胸部发育不对称的现象哟！

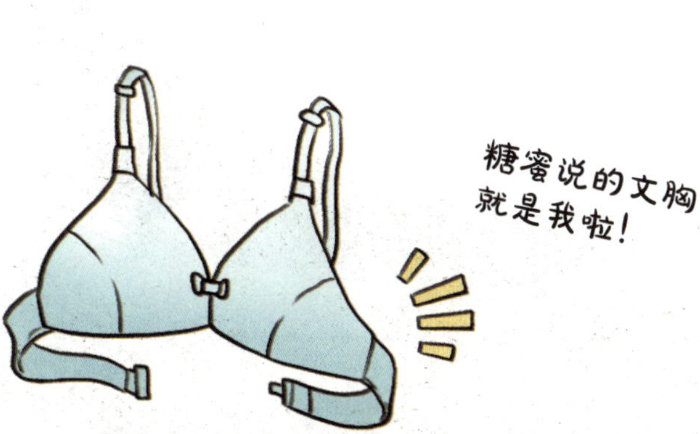

胸部发育成熟了还不一样大怎么办？嘿嘿，那也不用害怕哟，因为大家都是这样的！

哈哈，没想到吧？其实啊，人体很多看似左右对称的器官，实际上并不是完全相同和对称的。

比如你的两只眼睛、两只手或两只脚都可能会有一些细微的差别。我的两只脚就不一样大，买鞋子的时候常常一只鞋很合脚，另一只鞋就小一点儿。

所以，很多大人的胸部也都不一样大。据说完全对称是非常罕见的，就算是你最喜欢的超级明星也不例外哟！有趣吧？

糖蜜，听你这样说，我就放心了。可是一大一小这样实在是太难看了。网上说胸部按摩可以让胸部变大，这是真的吗？

雪儿，你可千万不要乱按摩胸部。我们的胸部正在发育呢，如果使用了不正确的方法按摩，会破坏乳房本身的结构，对胸部发育是很不利的。
不过，有些运动方法还是有助于胸部发育的，只要每天坚持练习，应该会有效果哟！

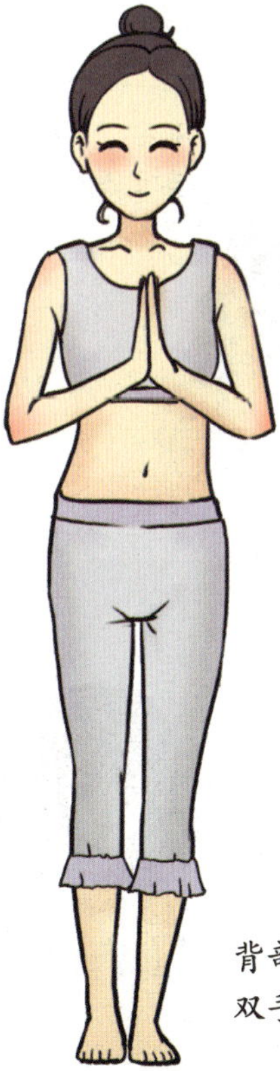

彻底撑开肘部，双手手心同时用力，相互推压，缓慢地向左、右移动 20 次，胸部较小的一侧多做 20 次。

背部挺直，抬头挺胸，双手合十放在胸前。

一定要穿文胸吗

雪儿，你穿文胸了吗？妈妈给我买文胸了。以前看见妈妈穿觉得很好奇，现在自己也要穿了，真有点儿不适应。

但是，有些爱美的姐姐们，为了让胸部看起来更挺，喜欢穿紧绷绷、带有钢托的文胸，可是这会影响胸部的血液循环，很可能诱发各种乳房疾病，我听了就怕怕的。

我想，美固然重要，但还是健康第一嘛。总之，我穿的就是运动型文胸。

还有一件重要的事情：如果你的胸部不是特别大，可以不用穿文胸哟！

你想知道穿上文胸是什么感觉吗？嗯，感觉很新鲜。可是，说实话，很不习惯，胸口闷闷的，呼吸也有些不畅。

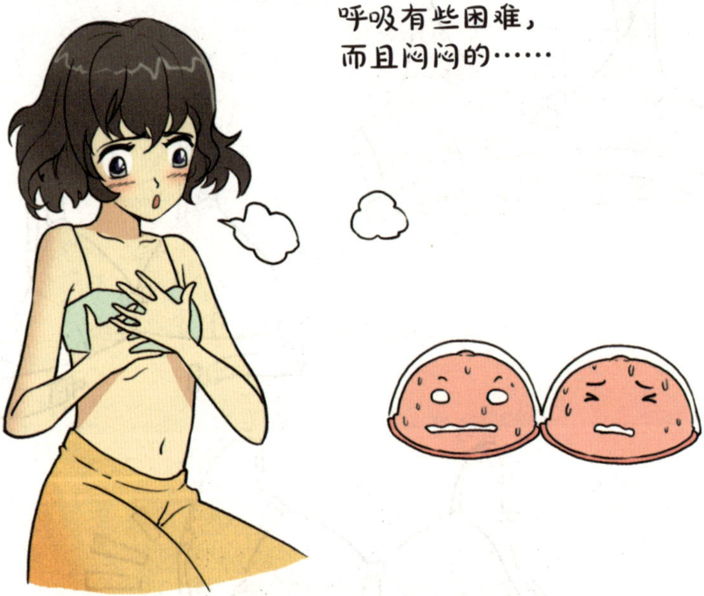

妈妈说这种感觉是正常的，通常坚持穿一段时间，适应了就好。

糖蜜，我们要一直穿运动型文胸吗？

也不是啦，等我们胸部发育成熟了，再选择一般的文胸就好了。不过，雪儿，选文胸可是一门大学问哟。不是所有的文胸都适合自己，一定要掌握选择的方法，这样才能让我们的乳房健康成长。

具体怎么做呢？

要先算一下自己的胸围差，这是选择文胸型号的依据哟！

文胸型号	A 杯	B 杯	C 杯	D 杯
胸围差	7.5~10 厘米	10~13.5 厘米	13.5~16 厘米	16~18 厘米

用这种方法来算一算你的胸围差，就知道你买的文胸合适不合适了。

不穿文胸会造成乳房下垂？

这种说法是没有任何科学依据的，至今也没有被证实。不过，文胸穿得不合适，会对胸部健康造成影响，这倒是真的。

乳头上为什么会有乳白色的东西

雪儿，今天我在提拉乳头的时候，觉得乳头痒痒的，就稍微挤了一下，结果挤出来一些乳白色的东西，感觉有点儿黏黏的，这是什么东西呀？你的乳头挤出来过这样的东西吗？

这不会是乳汁吧？可是，不是有了宝宝才会有乳汁的吗？

证实后才知道，原来乳白色的东西是乳房的分泌物，不是乳汁。

这些分泌物有的会被身体吸收掉，有的经过挤压会出来，只要量不多，就属于正常现象。现在我总算放心啦！

不过，如果发现分泌物里面有血或者颜色发黄且有异味儿，乳房还红肿的话，那就有可能是乳房生病了。一定要告诉妈妈，让妈妈带你去医院检查才行哟！

扫码解锁

解密青春期
聆听有声书
花季答疑台
心事日记本

呜……我下面怎么会长毛毛啊

雪儿，不好了，出大事了，这可怎么办呀？我实在不好意思说。

就是……就是我偶然照镜子的时候，发现身上小便地方的周围长出了一些奇怪的小毛毛。

这是什么呀？太羞了，呜呜……好难看啊！

这些毛毛好奇怪，长在那里好丑。你说会不会毛毛越长越多，最后全身都像猴子似的长满毛毛啊？我还在网上看见过有关毛孩的图片，我不会长成那样子吧？！

糖蜜，我也正想着怎么跟你说呢，我那里也长了好多毛毛，也吓了一跳呢！想跟你说，又怕你笑我。

哈哈，雪儿，我才不会笑你呢，咱俩是无话不说的好朋友。这事我已经弄清楚了，咱俩白担心了。

妈妈说，这些小毛毛叫作阴毛，青春期女孩的性激素分泌增加，所以一般都会长的，是正常的。

那里的汗腺很发达，出汗比其他的地方多。那里很隐蔽，又不透气，所以很容易滋生细菌，让我们生病。而长了阴毛呢，就可以吸收这些汗液，汗液才能向周围发散，就相当于给这里的皮肤“通风换气”了。细菌没有了生长环境，就不敢来了，那里的皮肤也就得到保护了。

这下你放心了吧，这些毛毛可是我们更加成熟的象征哟，我们应该高兴才对嘛！

告诉你，别看现在这些毛毛稀稀疏疏的，随着我们年龄的增长，这些毛毛也会越长越多，越来越浓密、粗硬，还会有些卷曲，直到把小便的地方都覆盖住，这样就变得和大人们一样了。

扫码解锁

- 解密青春期
- 聆听有声书
- 花季答疑台
- 心事日记本

也有个别女孩不长阴毛，但只要身体其他方面都正常，也没有问题。这可能是阴部的毛囊对自身性激素不敏感所导致的，不是病态。所以，不必为此而苦恼，更不要相信那些没有科学根据的谣言哟！

我腋下居然也长毛毛了

雪儿，跟你说，我又发现了一件事，就是啊，我不光下面长出了毛毛，腋下也长毛毛了。

不过有了上次的经验，这次我没有被吓到。

你知道吗？腋毛其实和阴毛是一样的，都是我们的身体性激素分泌增加的结果。所以，它的作用和阴毛的作用也是差不多的。

腋下也是汗腺发达的地方，容易出汗，而腋毛能帮助汗液蒸发，防止滋生细菌呢。

还有啊，当手臂做运动的时候，会摩擦腋窝处的皮肤，而腋毛能够减少皮肤受到的摩擦，可以保护这里的皮肤不被擦伤哟！

你说难看？要刮掉？虽然腋毛有这么多作用，可是，穿无袖上衣或裙子的时候，腋毛总会露出来，真是有点儿难看呢！

看电视上的那些女明星，都没有腋毛，我原来还以为她们本来就是这样的呢。但我现在明白了，她们都是刮掉了吧，而且好像刮掉后也没什么事啊。

所以，嘿嘿，我也琢磨着，夏天的时候把腋毛刮一刮，没什么问题吧？

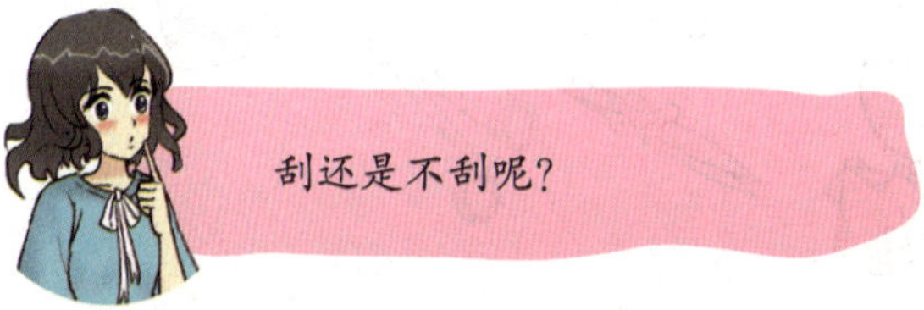

我纠结了好几天，最后还是决定不刮掉，就让它们顺其自然地长着吧！

即使现在把腋毛刮掉，或者剪掉、拔掉了，都不能阻止腋毛正常生长，过一段时间，它们还会长出来的。

但更重要的是，除腋毛还有可能会损害毛囊，引起细菌感染，使皮肤发炎、溃烂呢！

腋下的毛毛虽然有点儿难看，但留着它们对身体更好。无论怎样，还是自然的最好，你说呢？

我的汗毛为什么变多变黑了呢

雪儿，最近我发现我又有了新变化啦！以前，我胳膊、腿上的汗毛根本看不出来，可最近汗毛好像变多了，颜色也变黑了许多，越来越明显了。

现在你和我一样，也不会感到惊讶了吧？是的，身上的汗毛变多、颜色变黑也是青春期女孩正常的变化哟。人身上的毛发生长，**主要是雄激素和雌激素的作用**。

你没看错，青春期女孩也是会分泌雄激素的。雄激素刺激毛囊，汗毛就变多变黑了。

女生分泌的雄激素数量很少，所以身上的汗毛相比男人来说要少得多，颜色也浅得多。不信，你可以去对比一下爸爸身上的汗毛哟！我已经对比过啦，哈哈！

糖蜜，你的这些变化我也有，我也都能接受。可是……可是我嘴唇上面也长了汗毛，就像男人的胡子似的。你说，我不会像男人一样长胡子吧？那样的话，我还怎么见人呀！

哎呀，你一说我才发现，我的嘴唇上面也有汗毛了，不过很细很淡，不是很明显。

长胡子不是男人的专利，有些进入青春期的女孩也会长胡子。不过，别担心，女孩的胡子通常比较淡，基本上不会长出男人那样浓密的胡子来。

你说要把胡子拔掉？千万别，**胡子也是汗毛的一种**，也是在雄激素的刺激下长出来的，这些都是正常的哟！

至于有些女孩的胡子过于粗黑浓密，有可能是身体出问题了，也可能是遗传基因导致的，最好去医院详细检查一下。

雪儿，我们应该坦然面对这些变化，顺其自然，做个自信的女孩！

我的身体到底还要发生什么变化呀

雪儿，自从我的胸部长了“花苞”以后，每隔一段时间，身体就会出现一个新变化，我的内心就要经受一次震动。

我现在都有点儿神经过敏了，总是在担心这个变化过后，我的身体还会发生什么变化。

而且，我还发现了一个秘密，咱俩身体发育的顺序差不多呢。

所以，我又在想了，是咱俩碰巧一样，还是所有青春期女孩都是这样发育呢？我们的身体发育是不是有什么顺序？

嘿嘿，为了弄清楚这个问题，我可是费了一番功夫呢，你想不想知道？

嗯，是这样的，在我们满**10 周岁或 11 周岁**的时候就进入青春期了。当然，每个人的情况不一样，这个时间有早有晚，但发育的顺序是一样的。

青春期是我们从孩子长成大人的过渡期，也就是常被人们称作青少年的那个时期。

1. 胸部摸到硬疙瘩，就像是含苞待放的花朵，摸起来有些疼。

这时候的胸部会变得非常敏感，如果不小心撞到哪里，或者被球打到的话会特别疼。我就有过这种经历，当时疼得眼泪都掉下来了，现在想起来还心有余悸呢！

2. 小便那里会长出毛毛（阴毛）。妈妈说，准确的说法是阴毛长在大阴唇的周围和耻骨区。

解密青春期
聆听有声书
花季答疑台
心事日记本
扫码解锁

3. 开始猛长个子。

我们一年能长 6~8 厘米哟！

温馨提示：青春期身高的增长是由生长激素刺激引起的，一般会持续 3~4 年，当体内激素恢复正常时就会停止。所以，抓住这个长个子的关键期，适当补充营养，加强锻炼吧！

青春期女孩通常一年能长高 6~8 厘米，有的甚至一年能长高 10~12 厘米！我的个子也比以前高了很多，马上就要变成亭亭玉立的少女啦！

4. 小便那里的毛毛变多变黑，腋下也长了毛毛，汗毛加重。

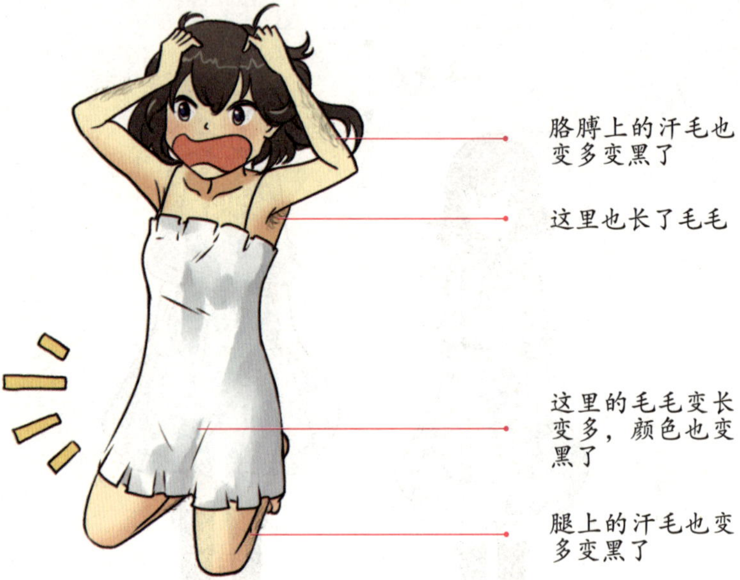

5. 胸部变得更大，乳头也更加突出，乳晕变大，颜色变得更深。

6. 月经开始，是大人啦！

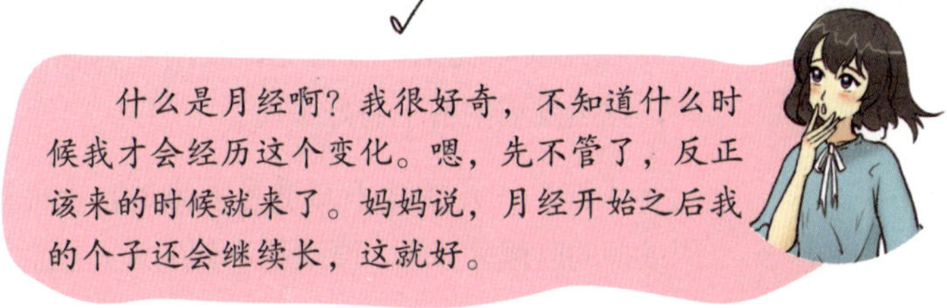

7. 骨盆明显加宽，臀部变人变圆；月经周期渐渐变得规律了；继续长个儿，逐渐达到成人身高。

青春期女孩身体生长的顺序就是这样啦！这个过程很奇妙吧？像不像蝴蝶的蜕变过程？毛毛虫经过一次次的蜕变，最终变成了美丽的蝴蝶。我们也是啊，一次次地变化过后，我们也会变得越来越美丽，好期待啊！

天哪！我的下面出血啦

雪儿，你睡觉了吗？

大晚上打扰你，是因为我实在是太害怕了！

我……我好像得了大病，呜呜……

怎么跟你说呢？就是吧，我刚才睡醒去卫生间，竟然发现内裤上有好多血。

天哪！一开始我不知道是哪来的，上完厕所用纸擦的时候才发现，原来是小便的地方出血了。

我换了干净内裤，可是过一会儿又感觉有血流出来了，肚子也很疼。

我把卫生纸叠起来垫在内裤里，一会儿就被浸透了。

今晚妈妈值夜班没在家，我不知道该怎么办才好。

流了这么多血，肯定是身体出问题了，我是不是得重病了？我好害怕啊！

如果我真的得了重病可怎么办啊？我还这么小呢，我不想死啊！呜呜……

我想给妈妈打电话，又不敢，怕听到坏消息。

我现在就在祈祷，千万别是什么大病啊！

原来是月经，妈妈说我会越来越漂亮

雪儿，吓到你了吧？嘿嘿，不好意思啊。跟你说，我没有得病哟！

是这样的，妈妈下夜班回来，发现我不对劲儿，问我怎么了。我没忍住就哭了起来，把出血的事跟妈妈说了。

结果妈妈不但没着急，反而笑了，还祝贺我，说我从现在开始才算是真的长大了。

对了，妈妈说就像蛹变成美丽的蝴蝶了！

真的不知道妈妈说的是什么意思，明明肚子很疼，下面又流了很多血，怎么就成了值得祝贺的事情？

再说，蝴蝶的变化过程我知道啊，科普书上都有，可这和我下面出血有什么关系啊？

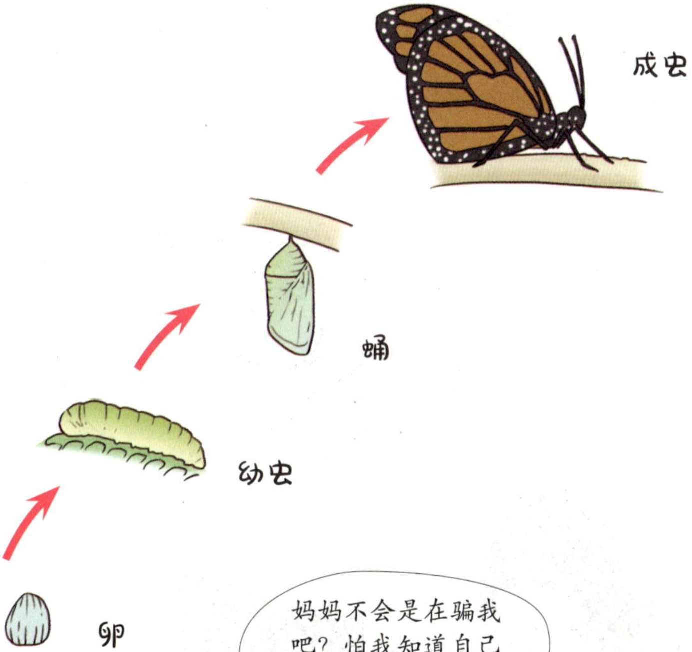

虽然这样想，我还是仔细听完了妈妈的话，听完之后，嘿嘿，还真是觉得就像妈妈说的那样，这真是件值得祝贺的事情呢！

原来这就是我们一直好奇的月经啊！雪儿，你还记得吗？我们以前说青春期女孩生长顺序的时候，就提到过“月经”这件事。我的月经已经开始了，你呢？

我们月经开始之后，就和妈妈一样是大人了，那是不是也可以有宝宝了？嘻嘻！别笑话我啊！我是真的很好奇，也想不明白，为什么出血了就可以有宝宝了呢？这是怎么回事呢？

去年，邻居家的阿姨怀了小宝宝，肚子越来越大，我就觉得特别神奇。

听到什么了？
我听到了“嗵嗵”“嗵嗵”的声音。
嗵嗵
嗵嗵
哎呀，他动啦！
他……他踢我了！

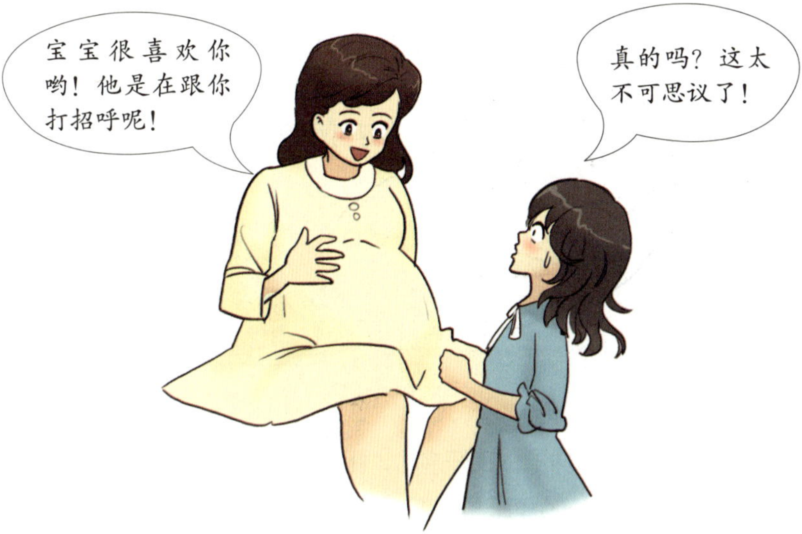

几个月后的一天，阿姨住进了医院，再回来的时候，我发现她的肚子已经瘪瘪的了，怀里却抱着个小宝宝。

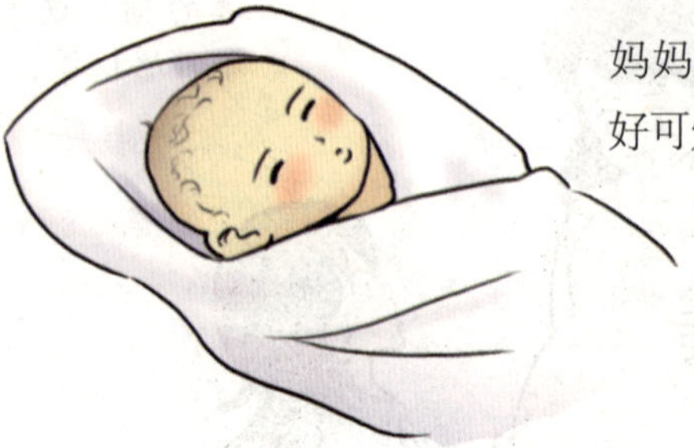

真的是太神奇了！宝宝在妈妈肚子里是怎么生长的呀？好可爱啊！

看着阿姨幸福的样子，我好感动，怪不得总说母爱是伟大的，现在我终于理解了，原来孕育一个宝宝真的很不容易呢！

雪儿，如果哪一天你也像我这样出血了，那就是月经开始了，以后长大了，就可以做妈妈了哟。

到时候你可不要像我这样惊慌，要赶紧告诉妈妈。

你的妈妈也一定会很高兴地祝贺你，还会教你很多东西哟！

什么是月经

糖蜜，祝贺你呀，又长大了一点儿。我还没有来月经，也不知道什么时候来，心里有点儿不安呢。
而且，关于月经，我还是很好奇呢！你跟我说说吧，让我多了解一些，要不然我肯定会跟你一样，吓一大跳的。

是啊，如果不知道月经这回事，又突然出了好多血，谁不害怕呢？现在关于月经的问题，我知道的可多了，嘿嘿！下面我给你一一道来！

怎么感觉我成了个小专家呢！嘻嘻！

1. 月经是女孩的一种正常生理现象

雪儿，我首先要告诉你的是，月经是很自然的生理现象，就像胸部会变大，小便那里和腋下长毛毛，是一样的。

当然，麻烦是有一点儿啦，不过这是我们女孩开始走向成熟的标志呢。从来月经开始，女孩会越来越接近女人。

所以，我们就安心接受它吧，就像结识一位新朋友那样，这是一件值得庆贺的事情哟！

2. 女孩多大会来月经

雪儿，这个问题一定是你最关心的吧？虽然你还没有来月经，但也不要担心。

如果没有特殊情况，女孩都会来月经的，只不过时间有早有晚而已。

大部分女孩会在**12~16岁时**开始来月经，平均年龄在14岁左右。

你还在这个年龄段里，所以不用担心啦，安心等待吧！该来的时候它就来了。

3. 第一次来月经，身体会有先兆吗

对了，雪儿，你知道第一次来月经叫什么吗？它有一个专门的名字，叫作“初潮”。

这个名字是不是有点儿怪？是这样的，这里的“初”是初始、第一次的意思，比如农历每个月的第一天就叫初一；“潮”呢，是潮水、潮汐的意思，因为古时候月经也叫葵水、信水、月水等，所以，“潮”在这里其实就是指经水。因此，第一次来月经也就叫作“初潮”了。

雪儿，自从知道我来了月经以后，你是不是担心自己哪天也会来？哈哈，不必太紧张哟！

告诉你一个秘密，月经初潮前的女孩，胸部胀痛会比较明显，偶尔会有腹部、腰部不舒服的现象出现，而且内裤上会有一些奇怪的东西……这个我们以后再说。总之，如果出现这些现象，就有可能是初潮要来了，要做好准备哟！

4. 正常的月经是有周期规律的

月经，顾名思义，就是每个月都要来一次，而且每月的日期是有一定规律的。

不过，对于我们刚开始来月经的女孩来说，初潮后 6~12 个月，月经一般是不太规律的。比如有的人两个月来一次，有的人几个月不来，还有的人一个月来两次，或者经期长短不一，等等。这些情况，都是因人而异的。但这些都是正常的，所以不用担心哟。

关于排卵嘛，一会儿再讲给你，我们先把月经周期的事情说完啊。过了这段不规律的时期以后，我们的月经就会呈现周期性的规律了。

月经周期就是指这次行经的第一天至下次行经的第一天的时间间隔，一般为 28 天。不过这也是因人而异的，大部分女生的月经周期是 21~35 天。

等我的月经规律以后，就能够知道我的月经周期是多少天了。这样，每次月经开始时，我就可以推测出下次来月经的时间啦！

我打算先学着推算一下，雪儿你也学习一下，以后一定会用得着的。假设我的月经周期是 28 天，行经期是 5 天，这次是 6 月 8 日开始的，那下次来月经应该是哪天呢？从 6 月 8 日开始数，数够 28 天，是 7 月 5 日，所以，我下次的月经日就是 7 月 6 日了。

雪儿，提醒你一下，一定要从月经开始日计算哟！你会算了吗？也试着练习一下吧！

5. 学会记录自己的月经周期

学会了计算下次来月经的时间，我们就可以提前做好准备了，免得到时候手忙脚乱的，要是再弄脏裤子就更让人烦恼了，是不是？

所以，妈妈特意送了我一个漂亮的小台历，教我怎么做好经期记录，比如标记出每月来月经的日子，也可以记下哪天量多、哪天量少，经血的颜色，有没有血块，或者有没有不舒服。这样，我就可以准确把握自己的月经状况了。

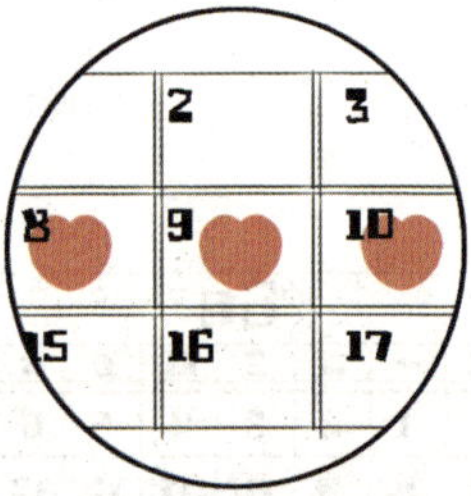

除了在台历上记录外，我还做了一个12个月的表格，把每个月的行经日都记录在上面，这样，这一年的月经情况就一目了然了。你也可以试试呀！或许你有更好的办法，只要能记清楚月经情况就可以哟！

记录我的特殊日子

	1	2	3	4	5	6	7	8	9	10	11	12	13	14	15	16	17	18	19	20	21	22	23	24	25	26	27	28	29	30	31
1月																															
2月																															
3月																															
4月																															
5月																															
6月																															
7月																															
8月																															
9月																															
10月																															
11月																															
12月																															

6. 月经比预计日来得早或晚是怎么回事

虽然推算了下次来月经的日子，可有时候还没到预计日呢，月经就来了；或者是已经过了预计日了，月经却不来。这是怎么回事呢？

这其中的原因有很多，比如生了病，可能会使月经周期不准，这就需要去医院检查了。

不过，有时候却不是因为生病了，而是因为月经对于周围环境和身体情况的变化太敏感，或者是受我们情绪的影响造成的。

比如要考试了，精神很紧张，月经就可能会提前来或者推迟。

月经还会受周围人的影响。周围人来月经的话，我们可能也会跟着一起来。妈妈说当年她们大学宿舍 4 个女孩来月经的日子都差不多，就是互相影响的。

有的女孩为了减肥不吃饭，营养不良，也会导致月经周期紊乱。

还有就是出门旅行的时候，身体换了个地方，月经就可能会提前来，或者推迟到下个月。

再有就是怀宝宝的时候，是不来月经的。

所以，无论月经是来得早了，还是推迟了，我们都不要着急，用平常心对待它就好了。

刚开始，你可能觉得来月经真是件麻烦的事啊。其实，什么事情只要习惯就好了。

在以后很长的时间里，月经都会陪伴着我们，是我们的好朋友哟。所以，不要烦恼，慢慢地去习惯它吧！

心情好了，“好朋友”才会如约而至哟！

7. 什么样的月经是正常的呢

说了这么多，你可能在想，到底什么样的月经才是正常的呢？

让我来告诉你吧，月经正常的表现是这样的：

第一，月经周期要正常，保持一定的规律性。前面我讲过了，正常月经周期平均 28 天，提前或延后 7 天之内也属于正常范围，也就是 **21~35 天**来一次月经。

所以，不要因为月经提前或延后几天就担心啦，偶尔一两次日子不准确是没有问题的。

第二，要看月经量，也就是经期排出的血量，这个血量也是因人而异的。

一般来说，正常的月经量是在 20~60 毫升，超过 80 毫升就是月经量过多，少于 5 毫升就是月经量太少。

可是，如果按毫升来计算的话，根本就没法统计嘛。所以，我告诉你一个简单的办法，就是留意每个月经周期卫生巾的使用量。

如果每个月使用卫生巾不超过 2 包，就是每包 10 片的那种，那血量就是正常的。

如果每个月用 3 包卫生巾，而且每片卫生巾都是湿透的，那就属于血量过多了。

如果每个月一包都用不完，那明显就是血量过少啦。

用这个方法，我们就能对每次的月经量有大概的了解。如果月经量不正常，要赶紧跟妈妈说，让妈妈带你到医院查明原因并及时治疗哟。

第三，要看有没有血块。正常情况下，经血是不会凝固的，所以不会有明显的血块。

但如果躺很久或者坐很久之后，猛得一起来就可能会出现一些血块，这是经血被阻塞在同一个区域而没有及时排出的缘故，是正常的哟！

可是，如果没有久坐或躺着，血块却很多，那就是不正常了，要及早就医啦！

第四，要看经血的颜色。你知道吗？在经期的不同时间里，经血的颜色可是会发生变化哟！

月经第一天，颜色会比较淡，是淡红色的。

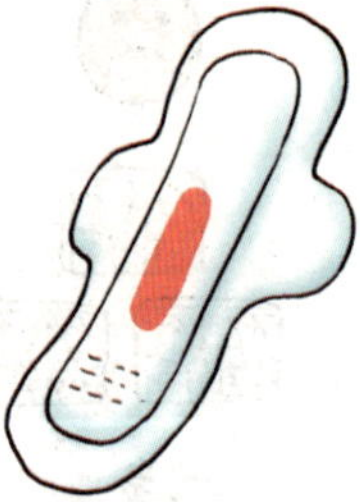

月经第二、三天的出血量最多，颜色通常为鲜红色。

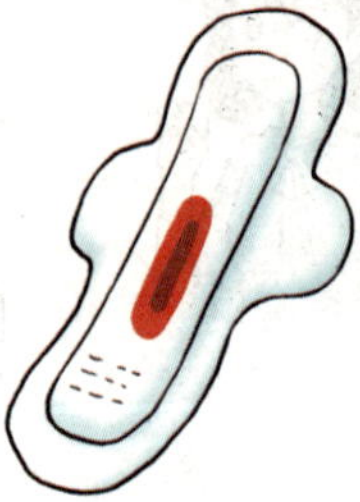

第四天，经血量少了，颜色逐渐就变成暗红色了。

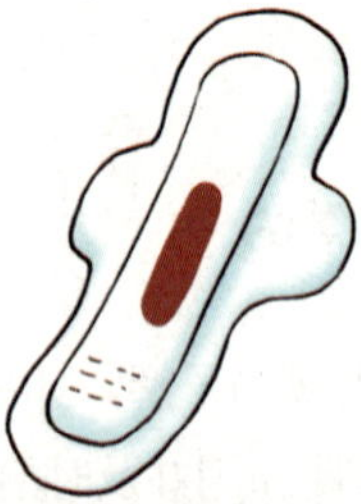

第五天以后，月经要结束了，颜色就常变为褐色了。

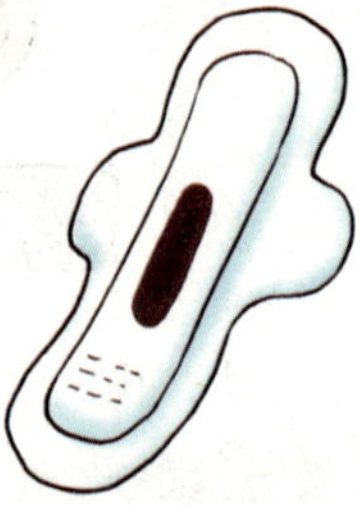

我特别观察了我的经血颜色，总体上算是正常的吧。如果在整个经期，经血的颜色都很淡，或者经血是黑褐色、巧克力色等奇怪的颜色，那就是不正常的了，要赶紧去医院检查哟。

第五，要看行经期，就是你这次一共来了几天月经。

女生的行经期是 2~8 天，平均是 4~6 天，我就是 5 天哟，嘿嘿！

出血量最多的时候集中在前 3 天，以后逐渐减少，直到经血排干净为止。

有的人经血排干净以后，过一两天又来了一点儿，俗称“经血回头”，这也是一种正常现象。

那么，什么情况是不正常的呢？

8. 月经会伴随我们多久呢

从第一次来月经以后，月经每个月都会来光顾一次，那它会伴随我们一生吗？

告诉你，不会的，等我们到了50岁左右的时候，它就会离开我们，并且再也不会来了！

也就是说，月经会伴随我们40年左右。

所以啊，不要把月经看作“倒霉”的事情，更不要觉得麻烦，它可是我们年轻的标志呢！

如果它走了，就说明我们已经老啦！

这样一想，我倒希望月经伴随我的时间越长越好，我就能青春永驻了，哈哈！

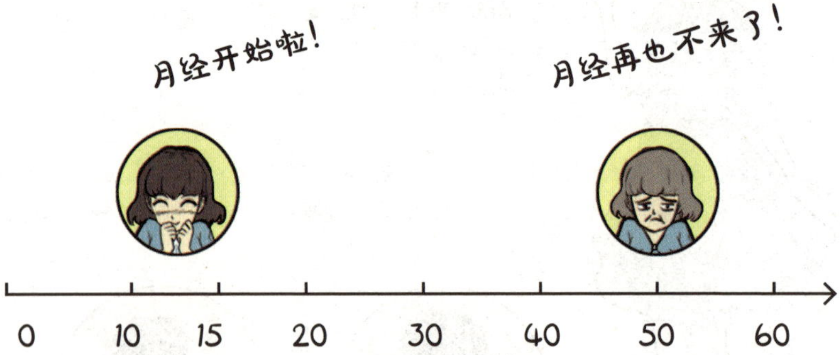

讲了这么多，雪儿，你明白月经是怎么回事了吗？如果还有不明白的，也不要紧，我帮你问妈妈，谁让我有这个便利条件呢，哈哈！

好了，我先休息会儿，当个小老师真不容易呢！嘻嘻！

为什么只有女孩会来月经

雪儿，你也开始来月经啦？太好了，恭喜你啊！

虽说来月经是值得庆贺的事情，可是肚子疼、浑身不舒服的时候，我就在想，为什么只有女孩会来月经啊？做女孩就这么倒霉吗？

你这样想过吗？其实这是因为我们女孩有一个独有的器官——子宫，一出生它就在我们的肚子里了，男孩可是没有的哟！

为什么叫这么奇怪的名字呢？这和它的功能有关。子宫是我们女孩体内的生殖器官，是胚胎和胎儿发育的地方，所以，这个“子”就是指孩子，“宫”是宫殿的意思，那子宫的意思就是孩子的宫殿了。是个很神奇的名字吧？

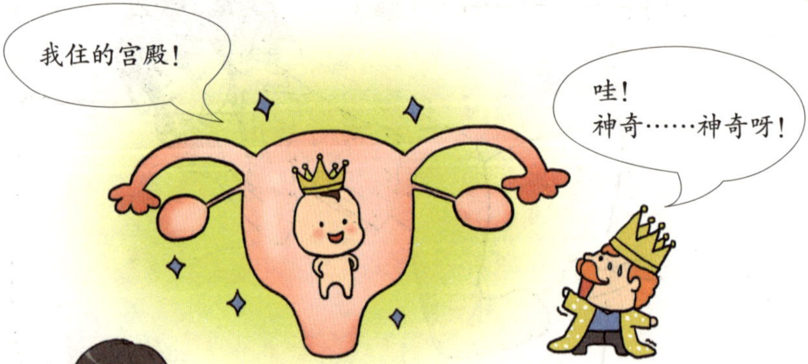

子宫是宝宝的宫殿，那怎么就和月经扯上关系了呢？别着急哟，我现在就讲给你听！

1. 我们体内的生殖器官

我们体内的生殖器官，可不是只有子宫一个哟，它还有几个好伙伴，都是谁呢？

①卵巢：就是卵子的家，有两个，成年女性卵巢大小约 4 厘米 ×3 厘米 ×1 厘米。卵巢会产生卵子，精卵结合形成受精卵，最后就会变成宝宝；卵巢还会分泌雌激素，就是让我们胸部变大的那种激素，就是来自这里啦！

②输卵管：也是有两根，负责连接子宫和卵巢。你看，输卵管的顶端像不像喇叭？所以，输卵管也叫作喇叭管，有趣吧？

③阴道：就是通向子宫的通道，宝宝就是通过这里生出来的，经血也是从这里流出来的哟。

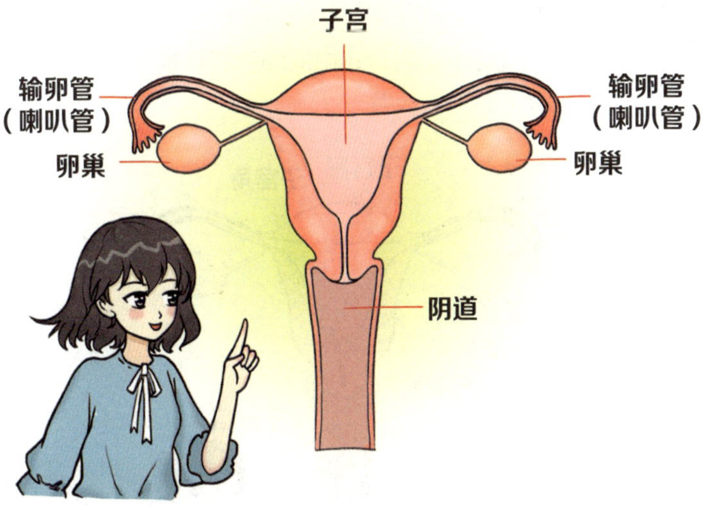

2. 宝宝的家在“子宫”

子宫是宝宝的家，这个我们都知道了。可是，雪儿，你知道吗？月经也是在子宫里产生的哟。所以，你要是想知道为什么会有月经和怎么行经，就必须了解子宫的构造和功能。

子宫有多大呢？子宫要比你的拳头稍小一些。

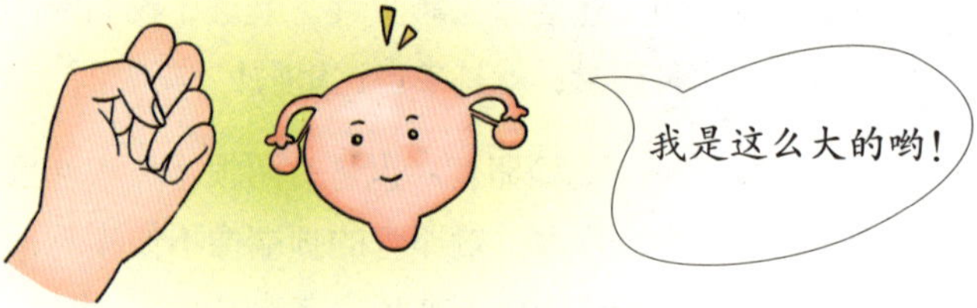

子宫呈倒三角形，看起来就像一个放倒的梨，它的每个部位都是有名字的哟！

子宫上端钝圆隆起的部位叫子宫底；上方的两角叫“子宫角”，通向输卵管；子宫最下端、呈圆柱状的部分叫子宫颈，通向阴道；子宫颈与阴道相通的部分叫子宫口；中间的空腔就是子宫腔；子宫底与子宫颈之间的部分就是子宫体啦。

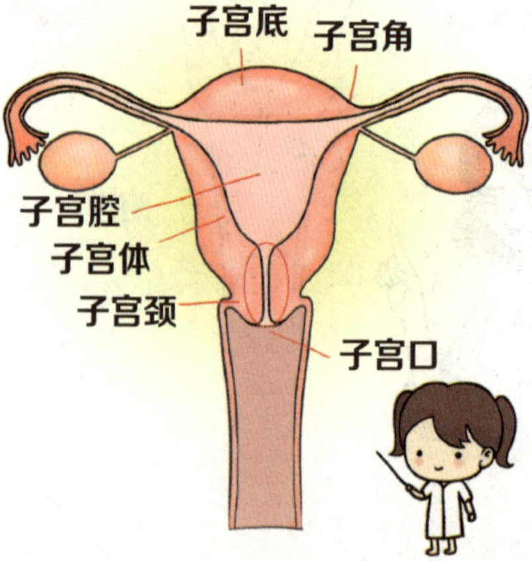

注意啦！子宫颈是炎症和恶性肿瘤的多发部位，这里所说的恶性肿瘤就是宫颈癌。我们还都是小女孩，不知道这个名词也是很正常的。妈妈经常把这个名词挂在嘴边，所以我也知道了。

宫颈癌主要是由于感染人乳头瘤病毒（HPV）引起的，在女性癌症中发病率排第二呢！不过也不用怕，现在已经有了预防这种病毒的疫苗了，称为 HPV 疫苗。咱们的年龄是最适宜接种的年龄，可以跟妈妈商量一下去接种哟。

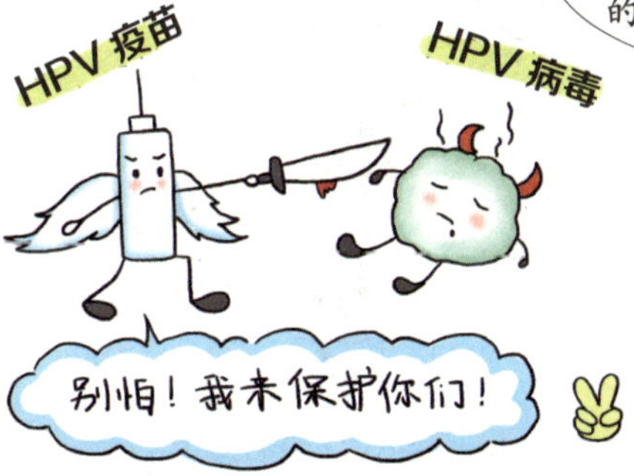

疫苗类型	能预防的 HPV 亚型	适应人群	接种时间 / 月	功效
二价	16/18	9~45 岁女性	0~1~6	可预防 70% 的宫颈癌
四价	6/11/16/18	20~45 岁女性	0~2~6	可预防 70% 的宫颈癌和 90% 的尖锐湿疣
九价	6/11/16/18/31/33/45/52/58	16~26 岁女性	0~2~6	可预防 90% 的宫颈癌和其他因 HPV 病毒引起的相关疾病

再来说说子宫口吧！平时子宫口是闭合的，只有两种情况下才会打开。第一种情况就是来月经时，子宫口打开，经血就从子宫里流出来了。不过因为开了口，所以细菌也很容易进去，因此经期一定要注意卫生哟，否则子宫被细菌感染了会引发炎症的。

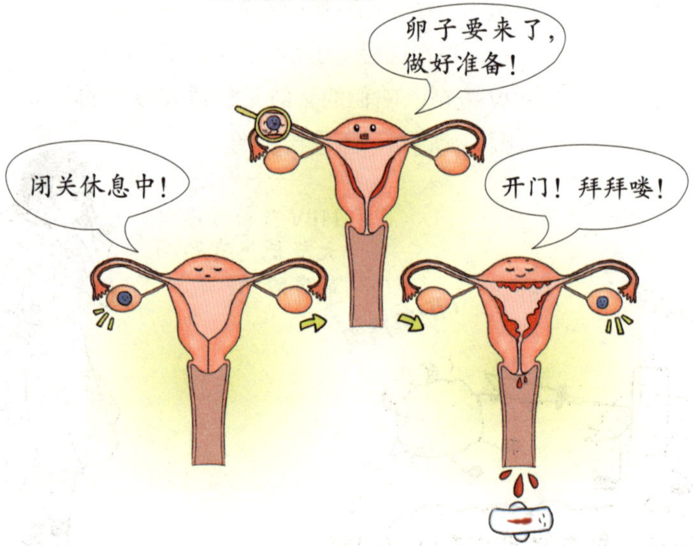

第二种情况就是生宝宝的时候，这时候子宫口的褶皱会先展平，展平之后再张开，能一直张开到直径 10 厘米，很惊人吧？这样宝宝才能被顺利生出来。

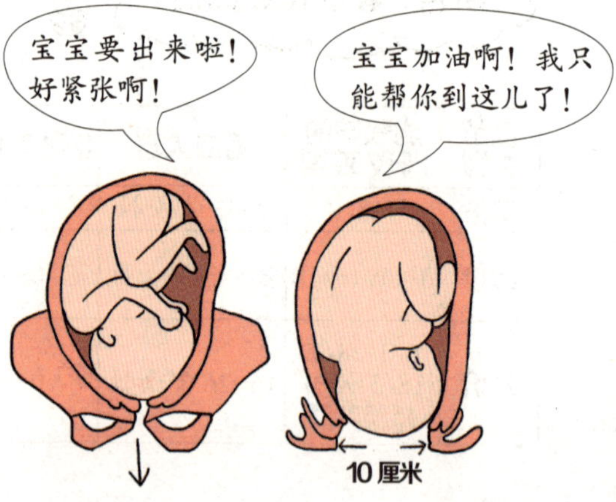

说了这么多，还是没明白月经是怎么来的吧？别急，我现在要讲的就是啦！

之前说了，子宫是空心的，是用结实的肌肉围起来的。在肌肉外面覆盖着一层浆膜，里面则覆盖着一层内膜。

子宫内膜的作用有两个：一是在未怀孕时形成月经；二是在怀孕时为胚胎生长发育提供营养。所以说，我们一直想要弄明白的月经，就是子宫内膜周期性脱落形成的哟！

子宫内膜是有一定厚度的，而且这个厚度还不固定。通常月经刚排干净的时候最薄，大概 4 毫米；然后逐渐增厚，到再次来月经前达到最厚，大概 13 毫米左右；最后脱落形成月经，就这样周而复始地变化着。

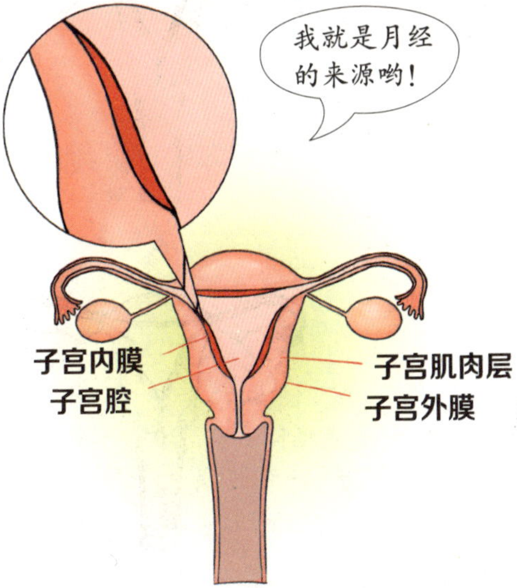

3. 来了月经之后就要排卵了

雪儿，还记得吗？前面说过的，因为没有排卵，导致我们初潮后的6~12个月里，月经周期不是很规律。当时没有讲什么是排卵，现在是时候啦！

排卵，就是排出卵子的意思。卵子呢，是女性的生殖细胞，从出生时就已经存在的。只不过它们当时还是原始的卵细胞，被包在卵泡里。卵泡是啥？嗯……简单地说，就是包着卵子的泡泡。

在青春期之前，原始卵细胞躲在卵巢中睡大觉。等到了青春期，脑垂体会分泌一种促性腺激素，刺激原始卵细胞醒过来，开始生长发育，直到长成卵子后，就从卵泡里钻出来了。

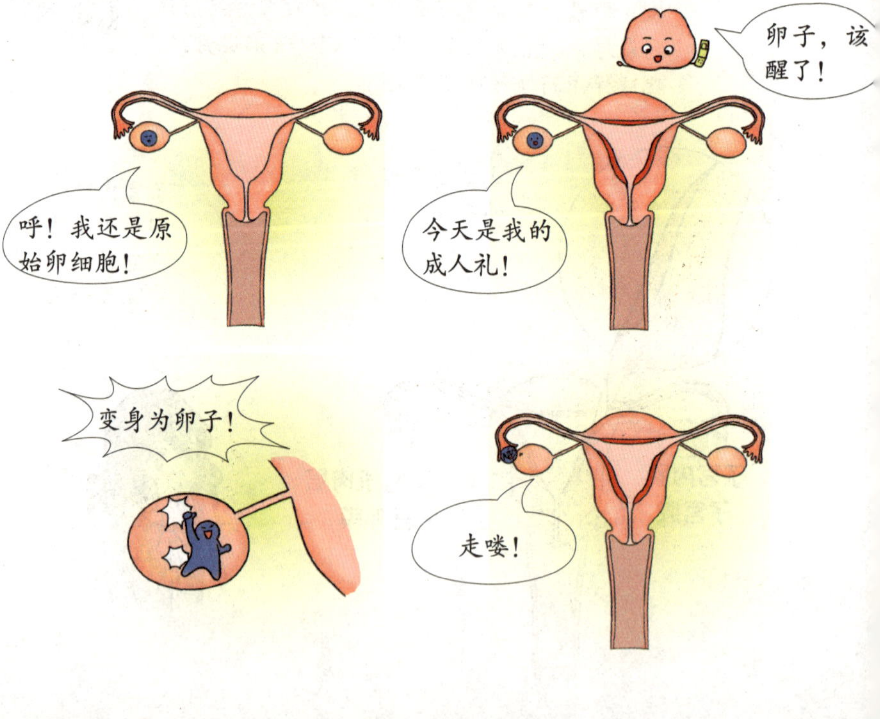

一般每个月经周期只有一个卵泡发育成熟，排出一个成熟的卵子，这个过程就是排卵。

雪儿，你注意没有，卵巢和输卵管都是两个，左右各一个，可一个月只排出一个卵子，那它要从哪边排出来呢？是这样的，有时从左边出来，有时从右边出来，并没有固定的规律可循，没想到吧？嘿嘿！我们的身体是很神奇的，一开始就分工好了。

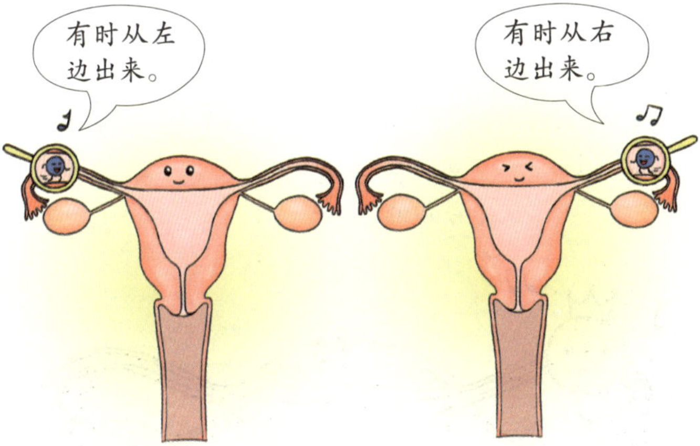

脑垂体是做什么的？

脑垂体是悬垂在脑的底部的一个卵圆形小体，重量还不到1克呢。但它却是人体最重要的内分泌腺，能分泌多种非常重要的激素，其中就包括能促进卵子发育、成熟的促性腺激素。

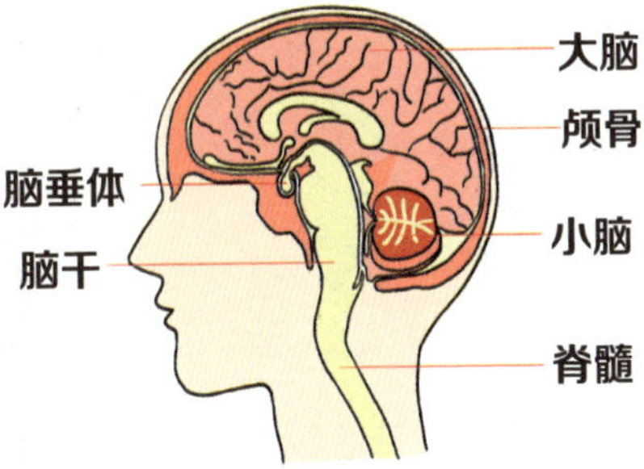

4. 卵子和精子结合才会有宝宝

输卵管的伞端，就是那个看起来像喇叭一样的地方，它会把卵子抓起来，送进输卵管里面。

进入输卵管的卵子会一直向子宫方向移动，到了快要拐弯的地方（输卵管壶腹部与峡部连接处）就停下不走了，在这里等待精子的到来。

什么是精子？嗯，就是男性的生殖细胞，是从阴道那里进到子宫里的，再从子宫里游到输卵管末端，来和卵子见面。

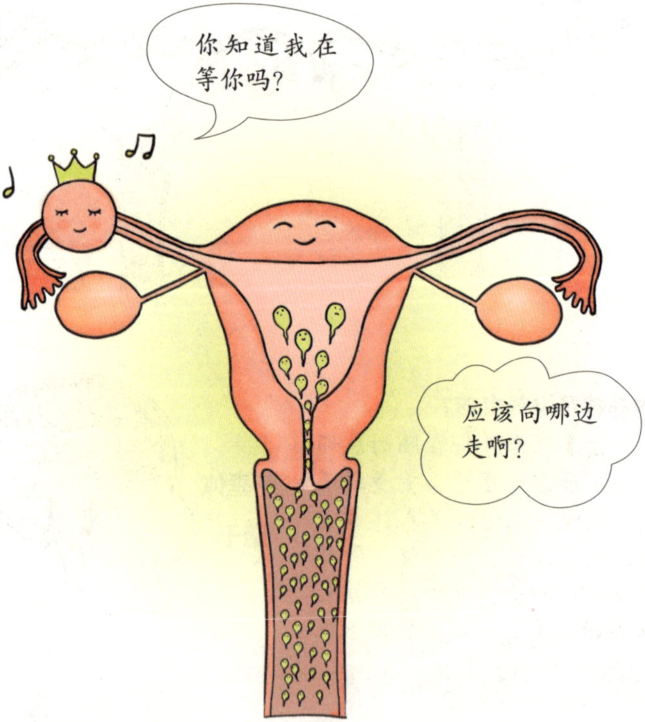

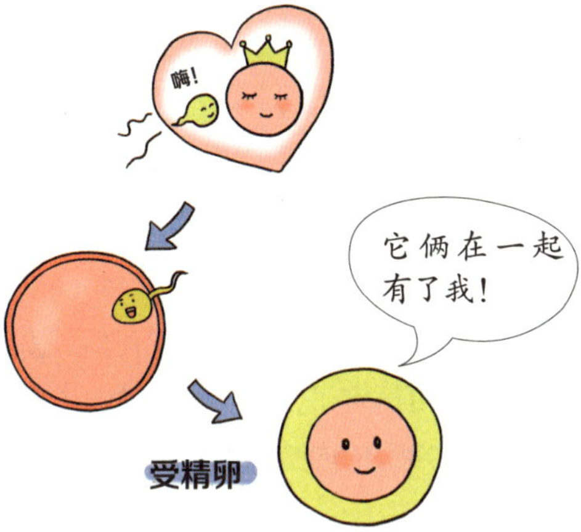

精子和卵子见面后结合成受精卵，这个受精卵其实就是最初的小宝宝啦!

受精卵再向宫腔方向移动，在移动过程中细胞不断分裂，最后到达宫腔。这时候的受精卵已经发育成胚胎了，就像一粒种子似的种植在子宫内膜上，然后生根发芽，小宝宝的生命也就开始了。

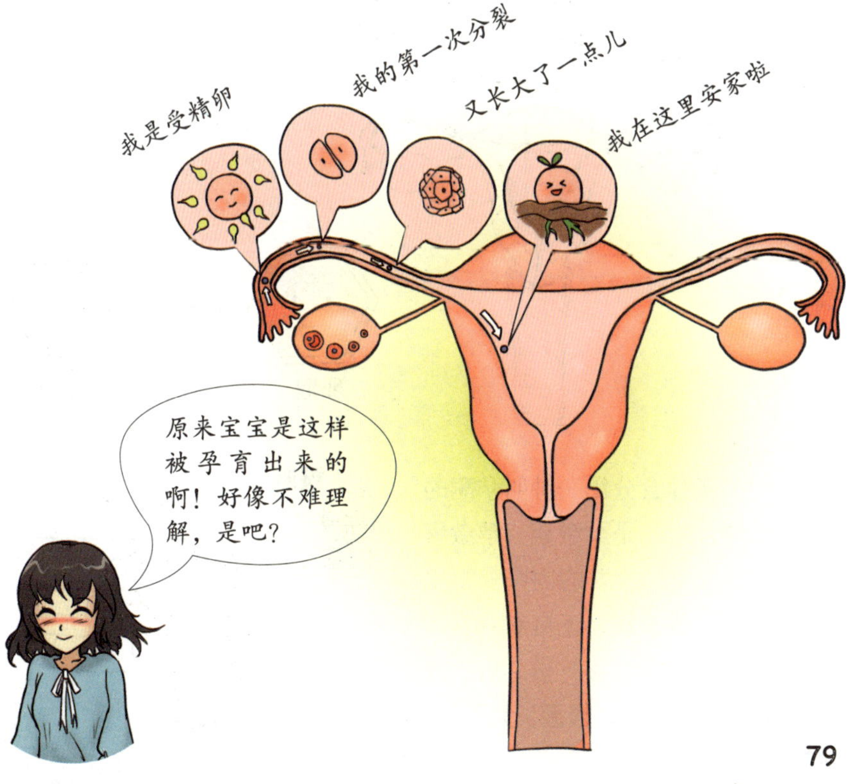

5. 让宝宝的“家”更结实、更有营养

宝宝要在子宫里安家落户了，可什么样的“家”宝宝最喜欢呢？嘿嘿！当然是又结实又有营养的“家”了。

所以，在卵子出来之前，卵巢就开始分泌雌激素。这家伙可厉害了，不仅能促进卵子成熟，还能让宝宝“家”的内壁，也就是子宫内膜，变得厚实。

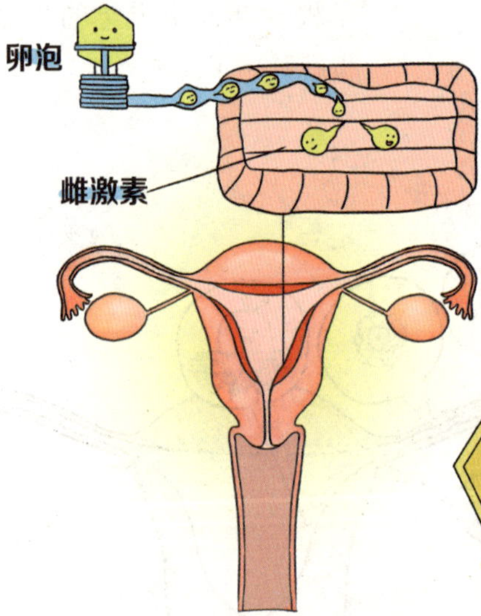

这之后，卵子才从成熟的卵泡里破裂而出，闪亮登场！然后，原来包裹着它的卵泡开始变形，颜色变黄，变成了黄体。

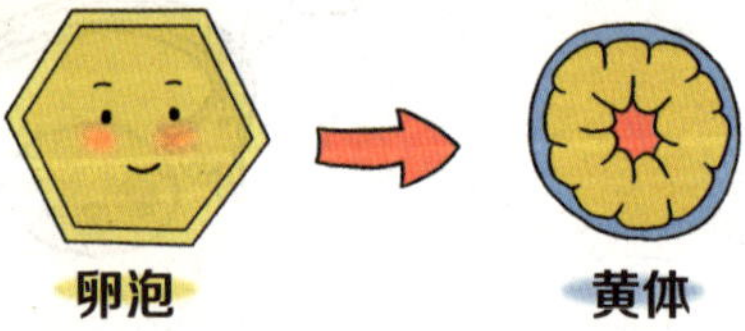

黄体会分泌一种叫孕酮的物质，也就是孕激素。孕激素会让宝宝“家”的内壁变得更厚实、更柔软，还富有营养。等宝宝到了“家”里之后，就能安心住下来，慢慢长大了。

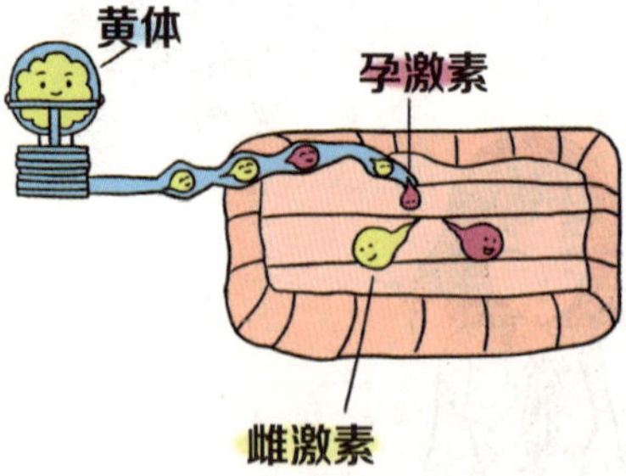

6. 精子失约，月经来临

精子来和卵子见面，之后才可能有宝宝。可是，如果精子不来了呢？那卵子会怎么样？精心准备的房子还会在吗？

雪儿，你也想知道答案吧？说实话，我当时知道了这个答案后，心情是很复杂的。

真实情况是这样的：卵子的寿命很短暂，只有 48 个小时，如果在这两天的时间里，它没有等到精子，便很快香消玉殒了。

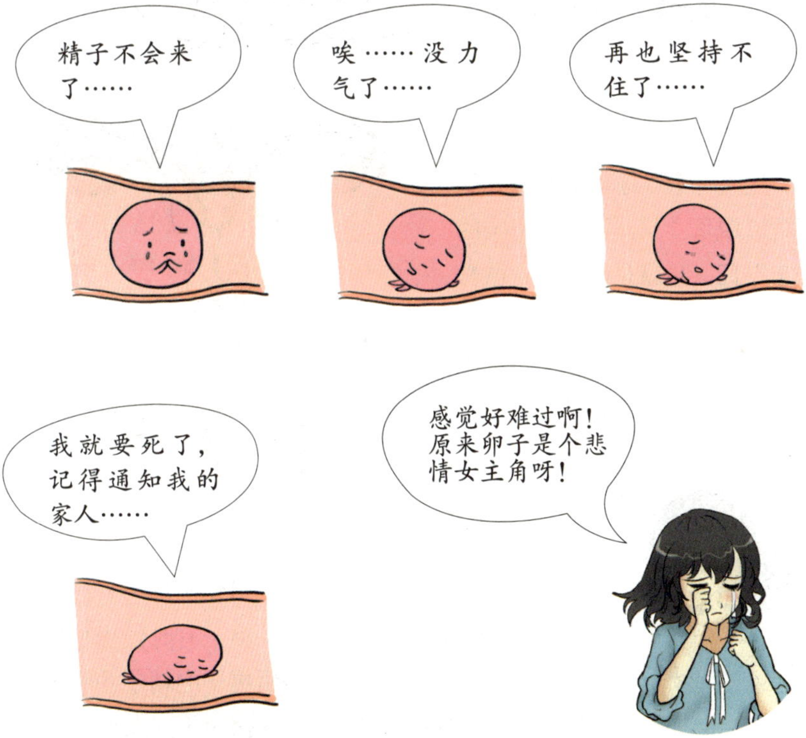

而卵子的娘家——黄体，因为通信不够发达，在排卵后的 14 天左右才得知卵子已死，悲痛欲绝，随即也一命呜呼！黄体萎缩，停止分泌雌激素和孕激素。

雌激素、孕激素被撤走

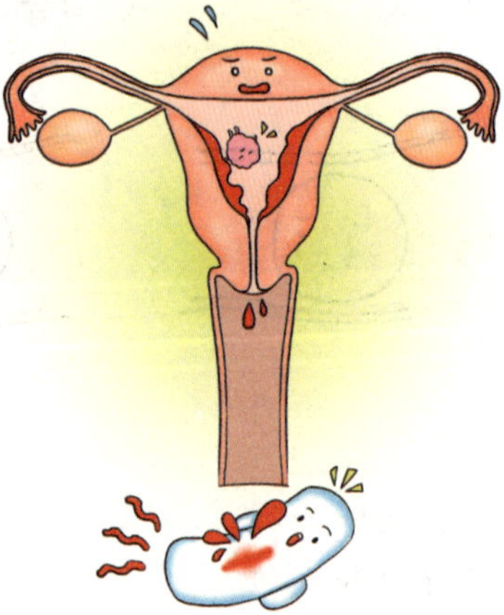

失去了雌激素和孕激素的供养，宝宝“家”厚实的墙壁开始坏死、脱落。与此同时，宝宝的“家”门，也就是子宫口，微微张开一条缝，脱落的东西经过阴道这个地方，就从我们的身体里排出来了，这就是月经。

你说精子太无情、卵子太可怜？嗯……这里我必须要为精子说句公道话，精子有时候也是没有办法的啊，因为只有结婚后男子的精子才能进来，而我们还小，不能结婚，精子也只能失约了。

雪儿，还记得我上次提的问题吗？为什么子宫内膜一个月要脱落一次呢？

答案现在揭晓，就是为了给宝宝准备最好的房子才这样做的哟。

你说那么辛苦才做好的房子，脱落实在太可惜了！告诉你哟，一点儿都不可惜。

因为下个月就会有新的卵子进来，重新给宝宝建造新房子，这样才能给宝宝提供最好的生长环境，让宝宝健康长大啊！这也是最重要的，不是吗？

来月经时流出来的都是血吗？

不是哟！月经中的一半是血，其余的是脱落的黏膜和坏死的细胞。之前说宝宝的“家”会变得结实、柔软又有营养，那是因为子宫内膜里生成了很多的毛细血管。来月经时，子宫内膜脱落，这些毛细血管和里面的血液也一起出来了，它们一起构成了经血。

7. 如何计算排卵期

糖蜜，你之前说每个月都会排出一个卵子，那你知道什么时候排卵吗？这个是不是也有规律啊？

哈哈！雪儿，你说对了，排卵确实是有规律的。就像预测下次来月经的时间一样，排卵期也是可以预测的。

一般情况下，从卵子出来到月经来临需要 14~16 天。如果你的月经周期是 28~30 天，那么，从下次预计行经日开始往前数 14~16 天，就是你的排卵期了哟。就是说，卵子会在这期间排出来。当然了，卵子只可能在其中一天出来，所以，卵子出来的那一天就叫作排卵日。

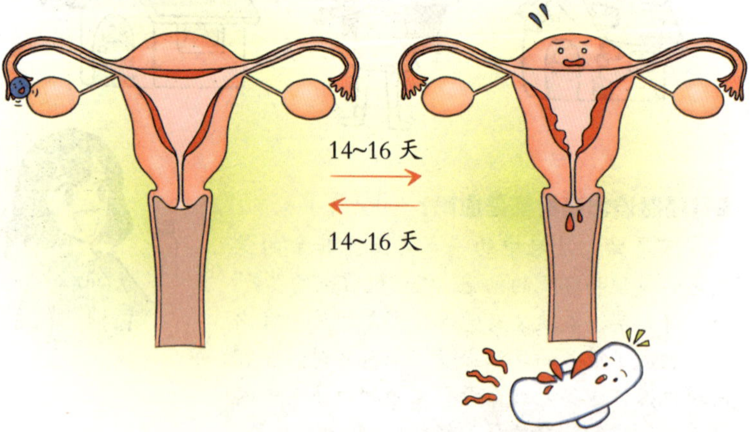

还不明白？嗯，假如啊，我今天开始来月经，那么卵子就是在 14~16 天前出来的，那 3 天就是我的排卵期。所以，你一定要知道自己的月经周期，预测出下次的行经日，否则就算不出排卵期。

现在我来算一下我的实际排卵期啊，我的月经周期是 28 天，是从这个月 8 日开始的，这个月有 30 天，那么，下个月 6 日就是预计行经日，从这一天往前数 14 天是这个月的 22 日，往前数 16 天是这个月的 20 日。所以，我这个月的排卵期就是 20~22 日，卵子出来的日子就是这其中的某一天。

这个月

日	一	二	三	四	五	六
	1	2	3	4	5	6
7	8	9	10	11	12	13
14	15	16	17	18	19	20
21	22	23	24	25	26	27
28	29	30				

下个月

日	一	二	三	四	五	六
			1	2	3	4
5	6	7	8	9	10	11
12	13	14	15	16	17	18
19	20	21	22	23	24	25
26	27	28	29	30	31	

行经日　预计下次行经日　预计排卵期

卫生巾选什么样的好呢

雪儿，你用的是什么样的卫生巾啊？我最近一直在为选择什么样的卫生巾而发愁呢。

以前跟妈妈去超市，妈妈买卫生巾时我也没注意过，现在自己去买，才发现卫生巾的种类好多啊！什么棉柔的、干爽的，护翼的、立体护围的，日用的、夜用的……哎呀，看得我眼花缭乱的，买哪一种好呢？

1. 卫生巾的种类有哪些

我们女孩来月经时，卫生巾是必备的物品，用的时候，只要撕开包装袋，把带背胶的那面贴在内裤上就可以了，非常方便。

只是目前市场上的卫生巾种类太多了，很容易挑花眼。所以，我特地下了一番功夫，总结了一下，供雪儿你参考哟。

（1）根据外形可分为：无翼型、护翼型、立体护围型三种。

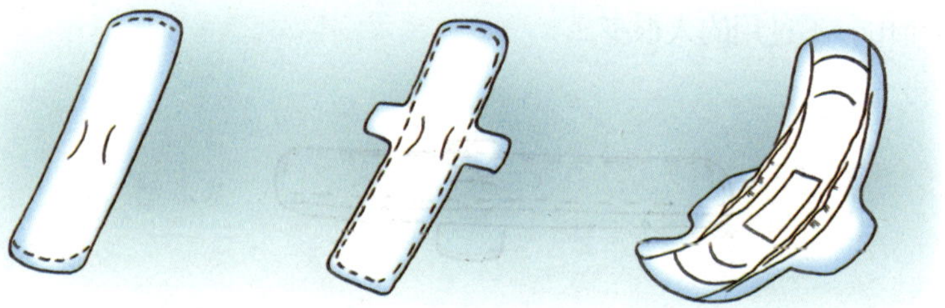

（2）根据面层材料分为：干爽网面卫生巾和棉柔卫生巾两种。

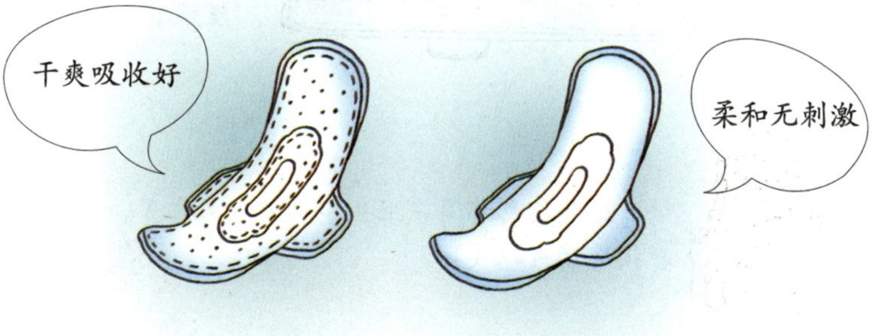

（3）根据大小可分为：小、中、大、超大等多种型号，每种型号的长度也不统一，其中超大型号的通常都是夜用的哟！

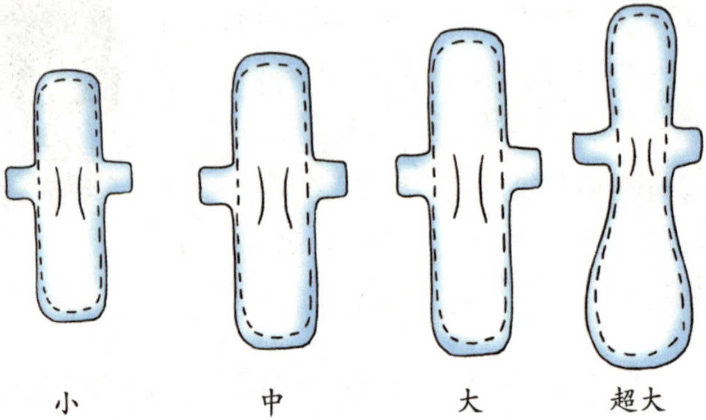

（4）根据厚度有：基本型、超薄型、丝薄型，当然也有加厚的卫生巾，不过用的人很少。

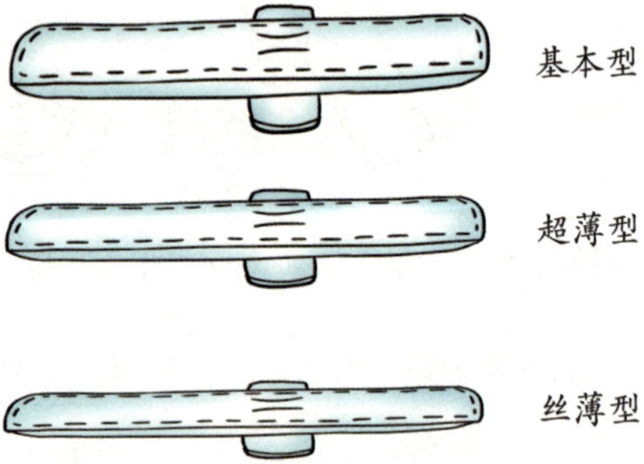

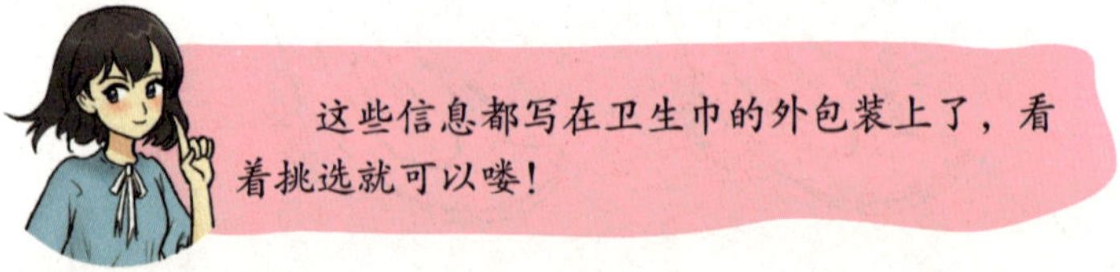

啊！对了！来月经时除了可以用卫生巾外，还有一种卫生棉条可以用，它也叫卫生栓，是用棉绒压缩成的圆柱体棉条，尾端有一根棉线做的拉绳。

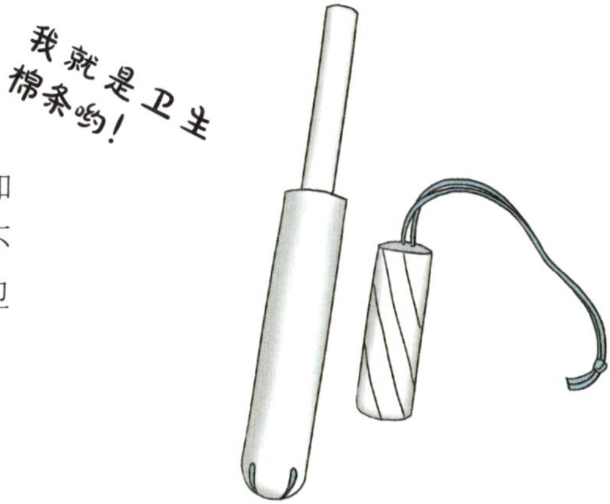

看卫生棉条的样子就知道，它和卫生巾的使用方法不一样，卫生巾是外用的，而卫生栓是要放进阴道里面的。

和卫生巾相比，卫生棉条使用起来要麻烦一些，如果使用时不熟练还很有可能会划伤外阴和阴道。卫生棉条放进阴道里会形成密闭空间，只要正确使用，也是安全的。但如果你是新手，还是用卫生巾更方便些。

解密青春期
聆听有声书
花季答疑台
心事日记本
扫码解锁

2. 怎样选择适合自己的卫生巾

刚开始面对这么多种卫生巾的时候，我就不明白，要那么多种卫生巾干吗呢？如果只有两三种的话，那多好选啊，也不用为难了，是吧？

不过我现在明白啦！因为我们来月经的时候，经血量是不同的，有的多，有的少。所以，为了满足女孩的不同需求，才发明了这么多种卫生巾，是不是很贴心啊？

我们只要根据自己的情况来选择不同的长度、厚度就好了。比如我吧，就是根据经血量的多少来选择的。

经血量	使用的卫生巾种类	
	白天	晚上
经血量多	干爽网面的日用卫生巾	超大加长夜用卫生巾
经血量不多	超薄日用的棉柔卫生巾	夜用卫生巾
经血量很少	丝薄迷你卫生巾	丝薄夜用卫生巾

当然啦，一般情况下是这样使用，但生活中总有些特殊情况发生的，所以，你要根据实际情况灵活调整。

比如需要外出旅行、长时间坐车的时候，不便于频繁更换卫生巾，或是在潮湿炎热的夏季，不妨都用干爽网面的卫生巾，感觉更舒服一些。

还有些女孩皮肤很敏感，经期用卫生巾阴部会痒；还有的女孩，阴部的皮肤被卫生巾磨得红肿，这样的女孩就不要选择干爽网面的了，使用棉柔卫生巾会更好一些。

雪儿，现在你知道应该怎么挑选卫生巾了吧？只有选择适合自己的卫生巾，才会让经期更舒适哟！

3. 卫生巾应该多长时间换一次呢

雪儿，你问我应该多长时间换一次卫生巾？嗯……卫生巾最好换得勤一些，一般每隔 3 小时换一次，夏季天气热，最好 2 小时换一次。

因为细菌最喜欢血液的味道了，如果长时间不换卫生巾的话，很容易滋生细菌，而且会散发难闻的气味呢！

当然了，如果你的经血量比较多，也可以缩短更换卫生巾的时间，不必等到卫生巾全部湿透再换。

总之，要勤更换卫生巾，不可以偷懒哟！

4. 月经量多时这样做就不会弄脏衣物了

糖蜜，我夜里用了超长夜用的卫生巾，可还是从后面漏出来了，把睡裙、床单都弄脏了，搞得我现在经血量多的晚上都提心吊胆的，你有什么好办法吗？

雪儿，你怎么不早说呢？我一开始也像你一样，弄脏过睡裙和床单，晚上都睡不踏实。

后来，我想出了一个好办法，嘿嘿！其实很简单，就是把一个夜用卫生巾和一个日用卫生巾粘在一起用，这样就不用担心会漏出来啦！如果你经血量多，也可以把两个夜用卫生巾粘在一起用，这样就更保险啦！或者我们可以买安睡裤，比刚才的方法更简单、更卫生哟！

5. 用过的卫生巾要这样处理

雪儿，跟你说一件很恶心的事。昨天，我跟妈妈去商场买东西，我在商场的厕所居然看见……马桶里有用过的卫生巾！

恶心死人了！怎么会有这样的人呢？真是太讨厌了，完全不考虑别人的感受。

用过的卫生巾怎么能不做处理，就这样随便地扔掉呢？不但不卫生，还让别人看见从她身体里流出的经血……

呃……想想我就受不了，我是绝对不会允许这种事情发生的！

我是怎么处理的？方法很简单哟，就是用新换的卫生巾的包装纸把用过的卫生巾包好，再扔进垃圾桶就好了。不明白？好吧，我画出来给你看看。

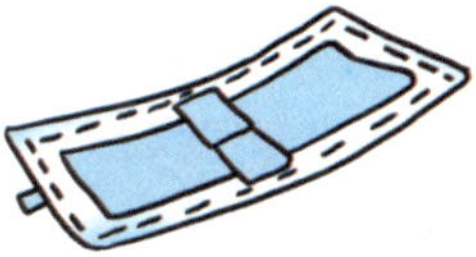

①把使用过的卫生巾卷起来或平铺在包装纸上。

②与包装纸一起卷起来。

③把包装纸端部的胶带粘上。

④扔到垃圾桶里。

注意啦！用过的卫生巾要丢进垃圾桶！千万不能丢进马桶里，否则会堵塞马桶的。

6. 上学时，卫生巾怎么带比较好

来月经时是有些麻烦，我们去学校还要带着卫生巾。不带不行，但带了的话……要是让人看见该多难为情啊！

你也正发愁呢？还好我没有愁多久，就想出了一个好办法，现在就分享给你！

先找一些漂亮的碎布料，缝制成一个小包包，把卫生巾放在里面，再把小包包放进书包。课间去厕所时，拿着小包包就可以啦！

不会缝？嗯……那也没关系，去买一个也可以啊。现在的饰品店都有卖那种专门装卫生巾的小包包，各种各样的图案和样式，很可爱的，带在身边根本不会被发现，就当作是饰品也是不错的哟！

其实，来月经了带卫生巾是很正常的事，没必要害羞的。月经是我们女孩特有的，我们就应该大大方方的，你说呢？

7. 没有卫生巾的时代，人们是怎么办的呢

这个月的月经快来了，可是卫生巾不够了，得去超市买，但我实在不想去买啊！

以前我也自己去买过，总觉得别人在看我。

更悲催的是，付钱的时候收银员居然还是个男的！

雪儿，你不知道我当时有多尴尬，太丢脸了！

我知道这样想不对，可就是不好意思嘛！

可也不能总让妈妈替我去买吧？唉！还是自己去吧！

妈妈看我不情愿的样子，笑着说：“你就庆幸自己生在这个时代吧，以前可是没有卫生巾的，那才是不方便呢！”

对呀，没有发明卫生巾之前，那些姐妹们到底是怎么处理的啊？我真的很好奇呢！你也想知道？那我们就一起来了解卫生巾的进化史吧。

原始社会：这个时期的生存条件太差了，女性月经期是没有任何处理措施的，就拿柔软性较好的干草或者是树叶擦擦血迹。

奴隶社会：这个时期的女性学会用树叶或兽皮缝制内衣遮羞，月经来了的时候就垫上一些干燥物吸收经血，比如干草、羽毛等。

封建社会： 这个时期有了丝绸和布，女人们就用丝绸或布缝几块小布条，布条是有口袋的，它有个名字，叫“月事带”。月经来的时候，把草木灰或棉花装进去，然后用绳子系在腰间。更换下来的月事带，只要把里面的脏东西倒出来之后，再把月事带清洗干净，晾干后就可以反复使用了。

1920年： 当当当！最早的卫生巾诞生了！你知道是谁发明的吗？哈哈，是女护士！那时候正是第一次世界大战呢，医院里到处都是伤兵，护士们都忙不过来了，月经来了也没空处理。

为了节省时间，她们想出了一个办法，用纱布把药用棉花包起来使用。没想到效果非常好，自此就传播开来。

1930 年： 最早的卫生棉条出现了，这是一位疼老婆的美国医生发明的。之前讲过了，这种卫生棉条也叫卫生栓，是一种放入阴道内使用的经期用品。

20 世纪 80 年代： 卫生巾终于传入中国了，而且经过不断改进，已经有几十种不同形状和用途的卫生巾了，真是越来越方便了！

经血有怪味儿

糖蜜，来月经的时候你有没有觉得有一股怪味儿啊？别人会不会也闻到了啊？那样的话，可就太尴尬了。

雪儿，你也闻到了？确实，每次更换卫生巾的时候都能闻到味儿，一开始不习惯，我还差点儿吐了，嘿嘿！

不过，我要告诉你哟，经血确实是有一点儿腥味儿，这是正常的。

至于为什么会有腥味儿嘛，嗯……这是好几个方面的原因造成的。

首先，经血的成分比较复杂，这个我们之前说过了，经血里有血液、坏死物质和脱落的子宫内膜。

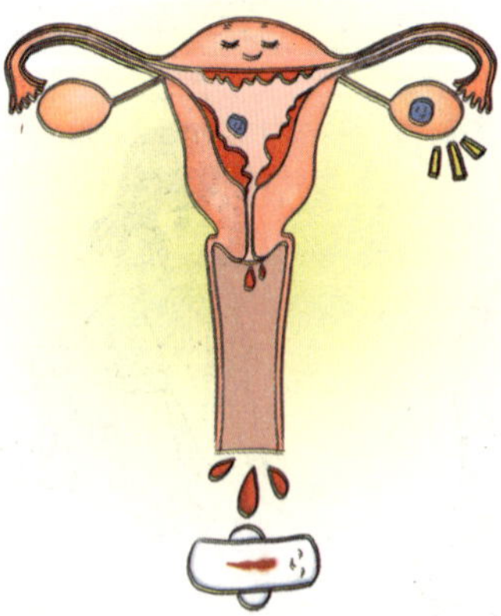

其次，子宫颈会分泌黏液，阴道会分泌白带，还有其他的一些分泌物。总之，各种分泌物也随着经血一起排出来了。

最后，就是阴部的位置隐蔽，容易出汗，特别是夏天，天气炎热，经血里的物质更容易变质，再加上那里的汗味儿……

你想想，这味儿能好闻吗？

雪儿，现在你明白腥味儿是怎么来的了吧？而且，你发现了吗？这种气味儿往往出现在经血比较多的时候、天气炎热出汗多的时候，没有及时更换卫生巾的时候会更加明显，气味儿会更重一些。

那怎么办？很简单啊，只要我们穿宽松透气的衣物，及时更换卫生巾，及时清洗阴部，注意经期卫生，就会减轻这种气味儿，也不用担心别人会闻到了。

你说在内裤上和卫生巾上喷点儿香水？嗯……我看还是不要了吧，你想啊，香水的香味儿和经血的腥味儿混合在一起，那味道不是更奇怪吗？

而且，香水的成分很复杂，直接接触阴部的话，很可能会引起炎症。

另外，也不要用含有香气的卫生纸或卫生巾哟，小心香气里含有的成分会刺激阴部的皮肤，导致皮肤过敏，那就糟糕了，是吧？

如果你实在担心别人会闻到腥味儿，可以在手腕、脚踝、耳后等地方喷一点儿香水，但不要喷太多，能分散别人的注意力就可以了。

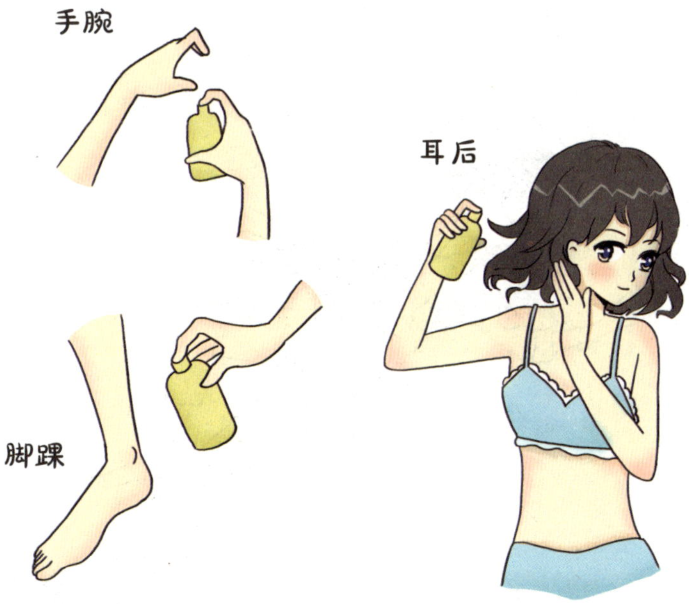

经期要做好日常护理

雪儿，你知道吗？月经期间可是我们身体最虚弱、免疫力最差的时候，如果不注意保养，是很容易引起身体不适，甚至会得病的。所以，我们在经期除了要注意清洁卫生外，还有一些事情要注意哟！

1. 注意休息，保证充足的睡眠

来月经时，总觉得累、不爱动，是不是？这是由经期女生的生理状况不稳定造成的，所以，这时候一定要好好休息，要有足够的睡眠，学习再紧张，经期这几天也不能熬夜。要让身体在睡眠中得到最有效的调整，记住了吗？

2. 经期要淋浴，不要泡澡

经期每天用温水洗洗澡，可以促进血液循环，对解除疲劳有帮助，还能避免出现腥味儿。只是，一定要淋浴，不能泡澡哟。原因嘛，之前也讲过了，是因为经期子宫口是打开的，泡澡的话，细菌会通过阴道进入子宫，让我们生病。

3. 注意让阴部透透气

让阴部透气的意思是说，月经期间除了要勤换卫生巾之外，还要尽量不穿紧身、不透气的裤子、袜子，比如紧身牛仔裤、连裤袜等。

它们会把阴部包得严严实实，密不透风，不仅会让阴部的湿气过重，容易引发妇科炎症，还会使那里的微血管受到压力，从而影响血液循环，造成阴部充血水肿。

所以，为了我们的健康，还是选择穿一些纯棉、宽松、透气的衣物吧！

4. 注意防寒保暖

这一点可是非常重要的哟，尤其是不要让腹部和下半身着凉，否则会使子宫受寒，肚子会更痛的。所以，我们要做到下面这几点：

（1）经期要多穿一点儿衣服，尤其是天凉的时候，更要注意保暖。

（2）不要接触冷水或淋雨。

（3）夏季吹空调的时候要加件空调衫。

（4）夏季晚上睡觉的时候也要盖好腹部。

5. 经期吃什么

雪儿，你在经期的时候胃口怎么样？我这段时间什么都不爱吃，妈妈说我这样营养会跟不上。因为有很多营养物质会随着经血一起流失掉，所以，经期饮食不能马虎哟！

建议饮食：

吃米饭、面食、燕麦等谷类食物，补充能量。
吃新鲜的蔬菜、水果，补充维生素和矿物质。
吃肉类、蛋、牛奶、豆制品，补充蛋白质。
多喝点儿白开水，多排尿，促进新陈代谢。

不建议饮食：

生冷寒凉的食物，如各种冷饮、西瓜、香蕉、梨等，会使肚子更痛。

辛辣食物，如辣椒、生葱、生蒜、姜等，会增加出血量。

6. 适当活动可以使月经更畅通

来月经了，身体不舒服，不爱动，就想躺着、坐着。雪儿，你是这样吗？

这样是很舒服，我一开始也这样，后来才知道这样对身体不好呢。总是不动弹，血液循环不通畅，经血也就不能顺利地排出来。

所以，月经期间还是应该适当运动一下，比如散散步，做做体操，练练瑜伽，或者跟着音乐跳跳舞，等等，只要运动不是很激烈就都可以，凭个人喜好。

遇上体育课怎么办？嗯……如果是跳高、跳远、赛跑等剧烈运动，建议你跟老师申请自己做舒缓的运动代替剧烈运动。可不要不好意思说啊，老师会理解你的。

7. 月经期间不要游泳

雪儿，你问有同学约你去游泳，而你月经来了，不知道可不可以去。

还是不要去啦！月经期间游泳和泡澡是差不多的，而且游泳池是公共场所，卫生状况比自家浴缸差多了，因此细菌更多，子宫也更容易被感染。

还有，游泳池的水温一般都比皮肤的温度低，经期身体的抵抗力又比较弱，这时候下水游泳，很容易引起感冒。

而且凉凉的水也会刺激腹部，导致血液循环不畅，使经血不能顺利地排出来，这样就更不好了。

还有更糟糕的一种情况，咳咳……就是经血流到游泳池里，那对别人来说就太不礼貌了。

我曾经就遇到过这种情况，去我们小区的游泳池游泳，在泳池边就看到了水里的血迹……真是太不小心了，我从那以后再也不去那个游泳池游泳了。

所以，换位想想吧，如果是我们的经血弄脏了泳池，同样会让别人感到不适的，是不是？

如果再被别人发现是你不小心造成的，那……就没脸见人了！

所以，还是等过了这几天，再去游个痛快吧！

想要做美丽自信的女人，在经期就绝对要加倍小心，是吧？
是的，我要做美丽自信的女孩！

啊啊啊！肚子好痛啊

雪儿，收到你的信息了，可是我现在实在没法陪你聊天。

我刚刚来了月经，肚子好痛啊！哎哟……呜呜……

没想到这次这么痛，不光肚子痛，腰和腿都酸痛得不得了……

抱歉啊，我只能下回再跟你聊了！

啊啊啊……受不了啦！

第一次来月经的时候肚子也痛，但好像没有这次这么严重啊！

1. 原来这就是痛经啊

雪儿，我知道了，原来啊，来月经时肚子这么痛就是所谓的痛经。

我第一次来月经的时候肚子也痛，但好像没有这次这么厉害。

你也痛经吗？看来咱们是同病相怜了。

不过妈妈说大部分女性都会痛经，只不过疼痛的程度不一样罢了。

比如我，肚子痛、腰腿酸胀，这些都是痛经的主要症状。

有的痛得厉害的女孩还会头痛、恶心呕吐、手脚发凉、出冷汗等。

跟她们一比，我这还算痛得轻的，可这滋味实在是不好受啊！

2. 你属于哪种痛经呢

雪儿，你也想知道为什么会痛经吧？这个问题我可是专门请教了妈妈，我终于弄明白了，现在就告诉你！

原来啊，痛经跟痛经还不一样呢。嗯……就是说，痛经分为两大类：

3. 什么？痛经还有原发性的

我们先来说一下原发性痛经。原发性痛经占痛经的 90% 以上，像我们青春期女孩的痛经基本都属于这种，即使去医院检查，也查不出什么原因的。

那为什么来月经时会肚子痛呢？嗯，可能是激素的问题，也可能是子宫本身的原因。

还记得我们前面说过的无排卵月经吗？卵巢没有排卵，月经不规律，让子宫内膜增厚的雌激素分泌也不稳定，所以，来月经时就可能会引发疼痛。

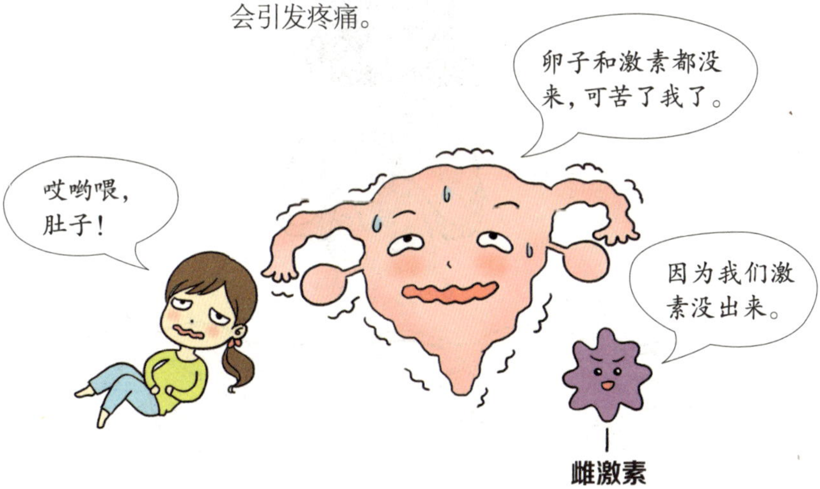

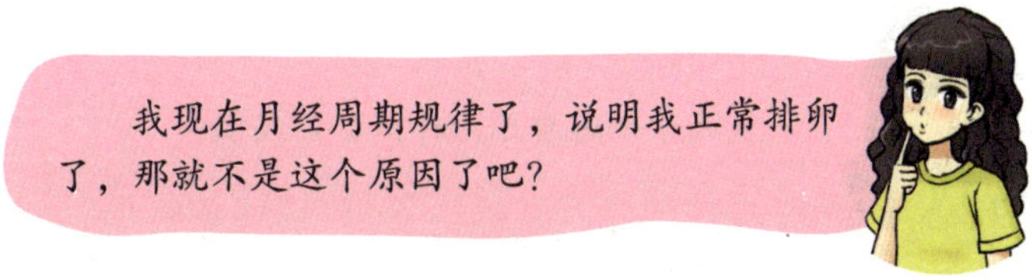

雪儿，你的月经周期也规律了？那我们就都不是激素造成的痛经了，而是子宫本身的原因。

之前说过，子宫内膜脱落才会形成月经，而子宫要把黏膜送出去，就需要不断地收缩，扩大，再收缩，再扩大……就这样不断地反复进行。

当然啦，子宫这种收缩和扩大的幅度都很小，很不容易被发现，但反映在我们的身体上就是肚子痛啦！

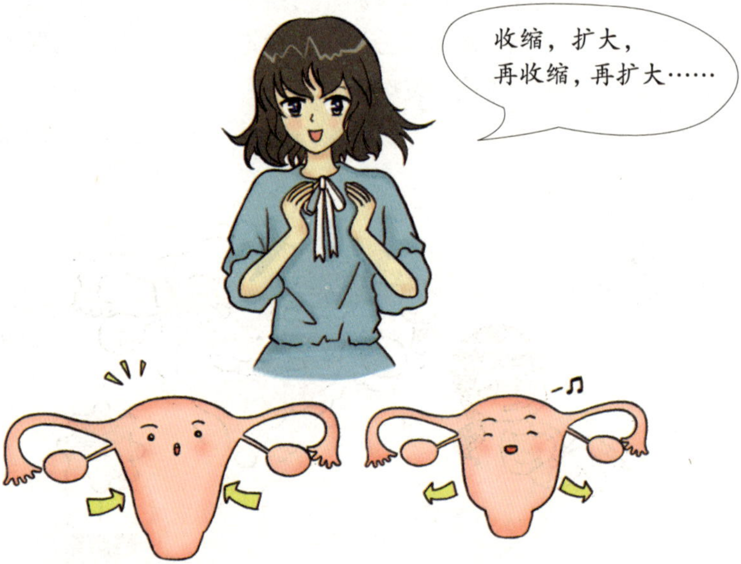

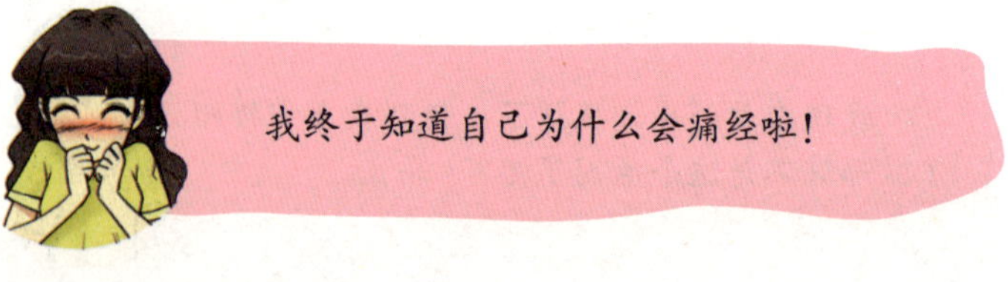

对于这种痛经，我们怎么做才能减轻疼痛呢？

你说吃止痛药？这确实是一个办法，如果真的痛得特别严重，可以按照医生的建议服药，不可以自作主张服用止痛药哟！

现在让我来教你几招可以缓解痛经的方法吧！

做一些平缓的拉伸运动。

喝些热饮，比如红糖水、热牛奶或热果汁。

放松身心，用一个暖水袋放在肚子上热敷。

散散步。

解密青春期
聆听有声书
花季答疑台
心事日记本
扫码解锁

糖蜜，我妈妈说，女孩痛经时的疼痛感等结婚生孩子以后就会减弱，是这样的吗？

这个可不一定哟。有的女孩先天性子宫过度弯曲，或者宫颈口过紧，经血积在子宫里出不来，压力升高而导致痛经。怀孕后，随着宝宝的发育直至出生，子宫颈、子宫口逐渐变软、扩张，不像原本那样狭窄，经血出来得顺畅了，痛经也就能缓解了。

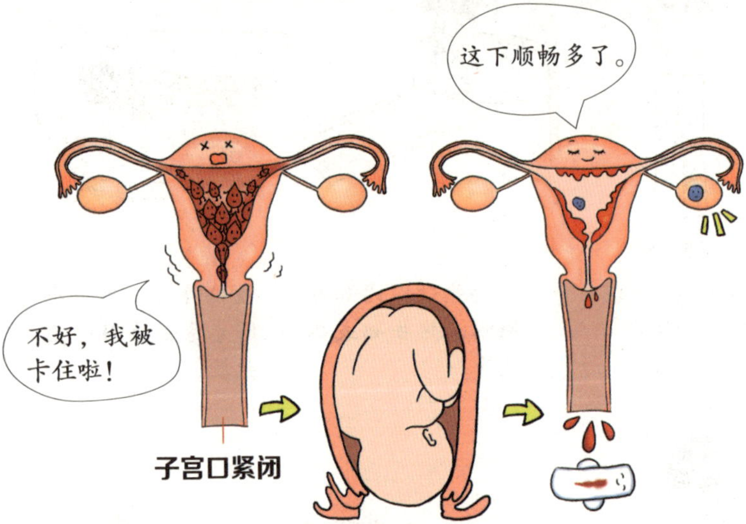

宝宝出生时把子宫颈扩张了

所以说，如果是这样的原因导致痛经的女性，在生孩子以后，痛经会大大缓解。但如果不是这种情况，或者是继发性痛经，那就不是生孩子能解决的了，还是去医院检查一下吧。

4. 继发性痛经要赶紧就医

现在说到继发性痛经啦，这种痛经可就有点儿麻烦了。之前说了，这是因为女性的生殖器官存在病变导致的痛经，比如子宫内膜异位症、子宫内膜炎、盆腔炎、盆腔充血等。

听不懂？嘿嘿！正常！我开始也不懂，不过现在弄明白了，我来讲给你听吧！

先说说子宫内膜异位症，看它的名字就知道，本来应该在子宫内部生长的子宫内膜跑到别的地方去了，等来月经的时候，这些异常的位置也会出血，刺激周围的组织，就会产生剧烈的疼痛。

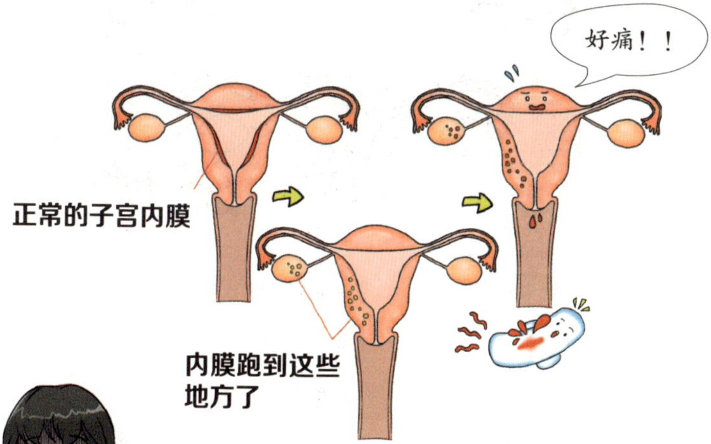

子宫内膜异位症导致的痛经可是非常痛的，在月经来潮前 1~2 天就开始疼痛，经期第一天痛得最厉害，以后逐渐减轻，到月经排干净时才消失。痛得严重时，吃加量的止痛药都没用。太可怕了！

子宫内膜炎呢，就是子宫内膜感染了病菌引发炎症。这样一来，子宫内膜就会比原来增厚很多，等来月经的时候，子宫为了让过度增厚的内膜脱落，就不得不更用力、更频繁地收缩，像痉挛一样，你就会感觉到经期的疼痛感越来越强，持续时间越来越长，经血量也明显增多了。

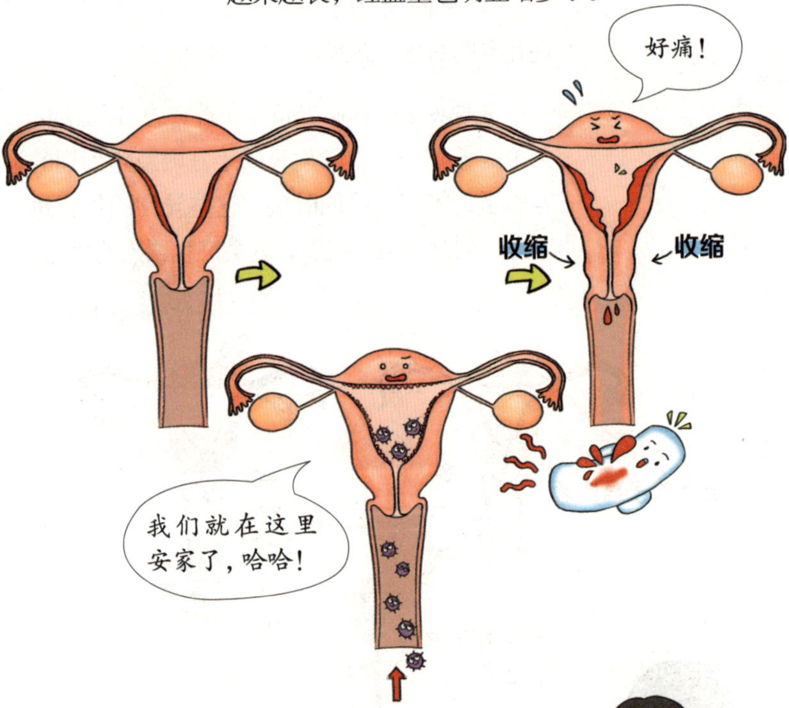

盆腔炎呢，就是盆腔感染病菌发炎了。

盆腔是哪？嗯……听说过“骨盆”这个词吧？就是我们臀部位置的骨头。被骨盆围起来的地方有子宫、卵巢、输卵管等，所以，有子宫等生殖器官的骨盆内部叫作盆腔。

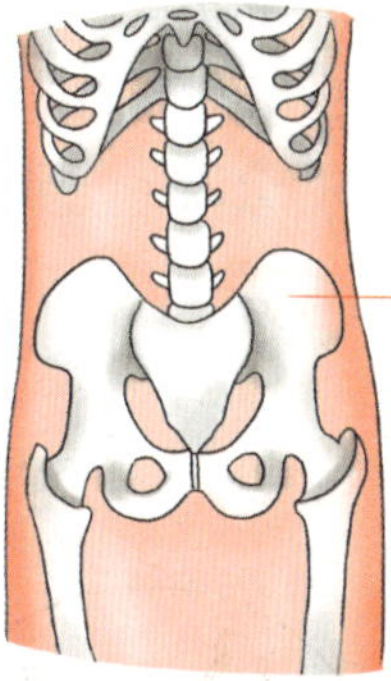

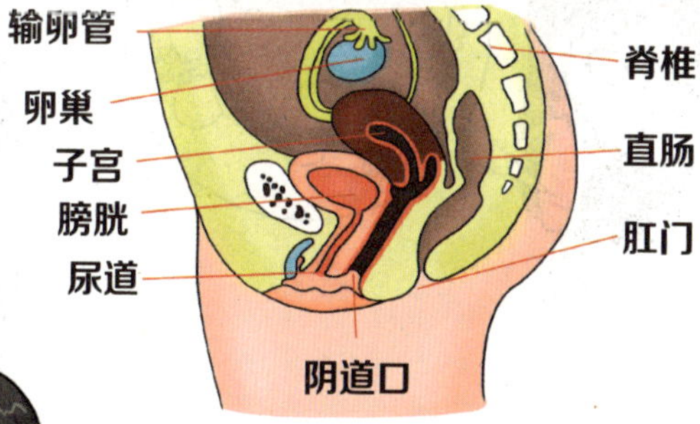

所以盆腔炎就是盆腔内的生殖器有炎症，比如输卵管炎、卵巢囊肿等。如果你月经前后觉得腰痛、肚子痛，痛经还越来越严重，就可能是盆腔炎导致的，一定要去医院检查哟！

了解了盆腔炎，那盆腔充血就知道是怎么回事了吧？答对啦！就是指生殖器充血。

这是怎么造成的呢？原因就比较多了，不过对于我们青春期女孩来说，主要是持续的紧张、精神压力过重导致的。

比如考试或比赛之前，精神往往比较紧张，就容易使阴道、子宫颈、子宫体等地方充血，按一下腹部就会很疼，那就是盆腔充血了。

盆腔充血造成的痛经，一般是不需要特殊治疗的，你只需要放松心情，不那么紧张、压抑，痛经就能得到缓解。

我们说了这么多种痛经，现在你知道情况有多复杂了吧？

我们来复习一下重点啊，如果是原发性痛经，那就试试我教的几种缓解痛经的方法。痛得无法忍受的时候，可以找医生开点儿止痛药。但是，再强调一遍：

另外，下列情况一定要去医院！

第一，每次来月经时，痛经都比上一次严重，忍受不了。

第二，月经量比平时明显增多，或者月经不止。

第三，平时腰和肚子就痛，来月经时疼痛加重。

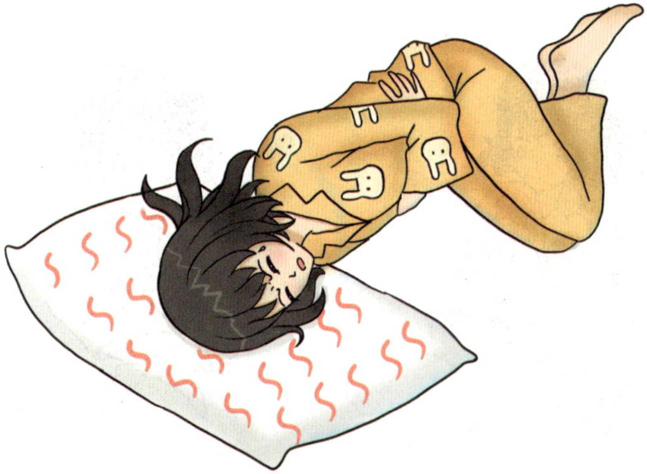

来月经前，胸部怎么也痛啊

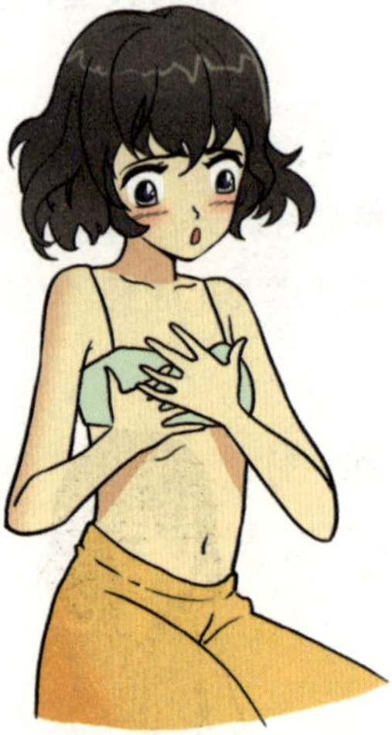

雪儿，我觉得很奇怪，来月经前，我胸部胀痛，而且心情也不太好，总爱发脾气。

刚进入青春期的时候胸部痛，是因为那时候胸部要发育。可现在又是怎么回事呢？

我的胸部不会有什么问题吧？月经开始后不是这儿疼，就是那儿痛的，真是要疯掉了……

现在我都不敢用手碰胸部，一碰就疼得不得了，哎哟！像针扎似的……痛死啦……

糖蜜，我的情况跟你的一样啊！每次来月经前几天，胸部就开始胀痛，不小心碰到就痛得要死，我还以为就我自己这样呢！

雪儿，你也是这样啊！看来这种情况是一种普遍现象。但到底是怎么回事还是要弄清楚的，是吧？

等妈妈下班回来，我还是问问妈妈吧，毕竟我们不是医生，还是别胡思乱想、乱下结论了。等我知道答案就告诉你，等着我啊！

我知道了，这叫经前期综合征

雪儿，我知道是怎么回事啦！妈妈说这种现象叫经前期综合征，还是和月经有关的，不是我们的胸部有问题哟！

至于经前胸部为什么会胀痛，我也弄明白了，这是由于经前体内雌激素分泌增多了，刺激乳腺，使乳腺增大，乳腺周围的组织发生水肿而引起的胀痛。月经来了之后，胸部胀痛的感觉就会消失了。你想想，是不是这样？

所以，这是乳房发育过程中的正常生理现象，而不是什么毛病哟！

什么时候会彻底消失？这个……你可以放心，在乳房发育成熟后自然就消失了，不会伴随我们一生的！

当然了，在这之前，你可一定要尽量避免碰撞自己的胸部，真的很疼的，还可能会伤了胸部呢。

其实啊，经前期综合征可不只有胸部胀痛这一个现象，还有好多呢！

经前痘痘增多，或者在嘴边、额头等新的地方长痘。

经前会烦躁易怒，爱发脾气。

经前面部浮肿。

经前注意力不集中，无精打采。

经前头痛、偏头痛。

经前食欲大增。

阴部要保持清洁干净

雪儿，我跟你说，进入青春期后，我们需要特别注意阴部的卫生。对我们女孩来说，保持这里清洁干净，对身体健康至关重要！

原因嘛，是因为那里有阴道口，里面就是阴道了。阴道可是通向子宫的，而子宫口在来月经时也会打开，所以月经期间，阴部与外界接触的部位更扩大了。

你想啊，如果不注意卫生，好多病菌就会从这里进入我们的身体，引起阴道或子宫感染。特别是子宫，那可是宝宝的“家”啊，所以我们一定要保护好它。

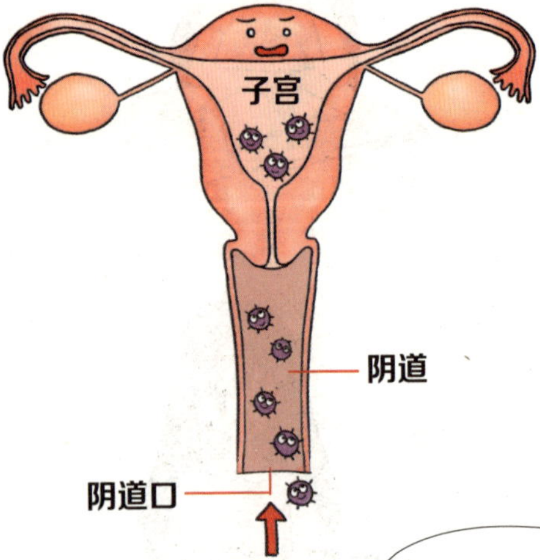

1. 我们的私密处是这样子的

雪儿，其实……我以前也不知道阴道口在哪里，毕竟我们平时也看不到那里，对吧？而且，我们也不会主动想要去看那里，总觉得不好意思。

可自从来月经之后，我就特别好奇。嘿嘿，于是，我就自己看了一下。

第一次看的时候，我也觉得很害羞。可后来一想，这是自己的身体，而且是我们身体最宝贵的地方。只有了解它，才能保证它的健康。

所以，雪儿，你也不要害羞，多了解一些生理构造，有问题时也能够早一点儿发现。

你想知道怎么看的？嗯，当然直接看是看不到的，所以我就拿了个镜子，把镜子贴近那里看，就能看得很清楚了。

糖蜜，我也拿镜子看了那里，感觉……嗯，感觉那里长得好奇怪啊！

哈哈，我第一次看完也是这种感觉。不过那里对我们真的很重要，它的每个部位都是有名字的哟！

2. 怎样清洗外阴才是正确的

要想让阴部保持清洁干净，最直接有效的办法就是经常清洗，最少两天洗一次。之前讲过，那里容易出汗，滋生细菌，如果长时间不洗的话，细菌就有可能沿着阴道口进入子宫里，那麻烦就大了。

那怎么洗呢？告诉你哟，最好是用淋浴喷头冲洗那里。洗的时候用不着使劲搓，用温水冲洗干净就行了。如果你觉得洗不干净，那就擦一点儿香皂，然后再冲洗干净，最后用干净的毛巾擦干就可以了。

解密青春期
聆听有声书
花季答疑台
心事日记本
扫码解锁

注意哟！香皂最好选择中性的或者偏酸性的，以免对那里产生刺激。另外，那些女性的洗液都不要用，因为洗液里的成分比较复杂，也不是很可靠。

你说用盆接水洗？这个……说实话，真不太好。你想啊，如果用手撩盆里的水洗，水可能会把肛门处的细菌也带进水盆里，你再用被污染了的水反复洗……那细菌岂不是又回去了，而且还变多了？

如果你是把屁股泡在盆里洗，那结果会更糟糕。所以，清洗阴部一定要用流动的水，这样才最安全。

好朋友，我们要清洗的是外阴部，而不是阴道哟。因为阴道内有正常的菌群，它们是阴道的卫士，能进行自我清洁，是完全不用清洗的。如果在没有感染的状况下，经常冲洗阴道内部，反而会增加病菌感染的机会，知道了吗？

对了，还有一种情况要特别注意哟，就是现在很多家庭里都使用了全自动马桶，这种马桶带有自动喷水功能，虽然能方便我们在便后清洗，但如果喷头上沾到了滴落下来的冲洗过肛门或阴部的水，用这样的水冲洗阴部的话……那……那细菌岂不是又回到我们身上了？

所以啊，雪儿，如果你家里要用这种自动马桶的话，就一定要选择质量好的，不会滴水到喷头上的那种，知道了吗？

扫码解锁

解密青春期
聆听有声书
花季答疑台
心事日记本

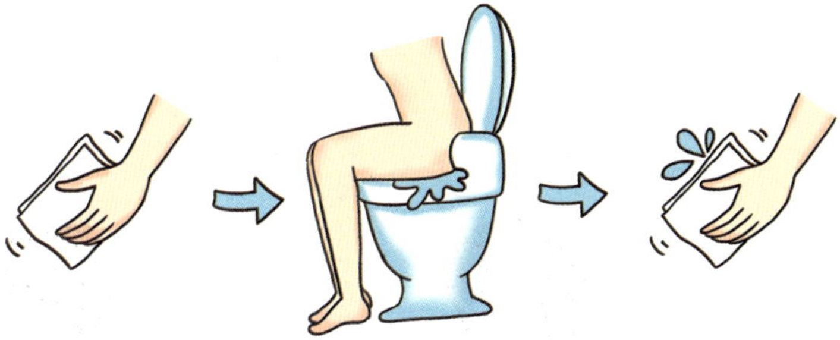

先用纸擦拭。　使用后。　用纸擦干。

3. 便后一定要从前往后擦

雪儿，问你一个隐私的问题啊，你大便之后用纸擦拭的时候，是从前往后擦，还是从后往前擦呢？

从后往前擦？那可就大错特错了！

为什么？你想啊，如果从后往前擦，那纸上的大便不就可能沾到阴道那里吗？大便里有很多细菌，如果进入阴道里，那我们就可能要生病了。

所以，大便后用纸擦拭的时候一定要从前往后擦，知道了吗？

你问小便之后怎么擦？嗯……我们女孩小便之后也应该用纸擦拭一下那里。方法呢，也应该是从前往后擦。当然，如果后面没有沾到小便液，也可以省点儿事，只擦一下前面就可以了。

扫码解锁
解密青春期
聆听有声书
花季答疑台
心事日记本

雪儿，这个事情看起来不大，但对我们女孩来说可是非常重要的。我妈妈不是妇科医生嘛，她说如果所有女孩都能坚持从前往后擦拭的习惯，妇科病就会减少很多。你也要养成这个习惯啊！

4. 上公共卫生间时要注意什么

用自己家的卫生间上厕所当然放心了，可是，我们在学校或在外逛街、旅游的时候，难免要上公共卫生间。公共卫生间里来来去去那么多人，卫生真的是个大问题啊！那我们应该注意些什么呢？跟我一起来看一下吧！

（1）尽量使用蹲式便池。如果没有蹲式，只有坐式马桶的话，那可千万不要直接坐上去呀！毕竟我们不知道都有谁坐过，随便坐上去的话，感染了细菌可就麻烦了。所以，最好是垫上一次性的坐便套之后再坐上去。如果没有一次性坐便套，也可以用卫生纸垫在马桶圈上，多垫一些更安全。

如果没有一次性坐便套，也没有足够多的卫生纸怎么办？唉，那只能采取扎马步的姿势了，就是让臀部悬空在马桶上方。咳咳……不过这样做比较吃力，嘿嘿，很考验腿功的！

解密青春期
聆听有声书
花季答疑台
心事日记本
扫码解锁

你说蹲在马桶上？这……这也太不安全了吧！万一摔伤、磕伤就糟糕了，不要尝试哟！

（2）上完厕所后要冲水。可是，有些马桶的冲水开关需要用手去按才会出水，这样的开关是极易使人沾染细菌的。所以，最好避免直接用手去触动开关，可以在开关上垫上卫生纸，或者用卫生纸把手指包裹好，再去按开关。

（3）这里要说重点了，便后一定要认真洗手！这一点非常重要！

先把手弄湿。

抹上香皂或洗手液，多抹点儿哟！

双手对搓至少 10 秒以上，手心、手背、指尖和指缝都要搓到哟！

双手及手腕部都要冲洗干净。

用纸巾把手擦干净。

（4）离开公共卫生间时，尽量不要直接用手接触门把手哟。因为并不是每个人便后都洗手的，门把手上的细菌也很多，所以，可以用纸巾垫在门把手上，再打开门。

5. 内裤要选好，做到一天一换

雪儿，你穿的是什么样的内裤呢？告诉你哟，就阴部的健康来说，选好内裤也是很重要的！

我是这样选的，你也可以参考哟！

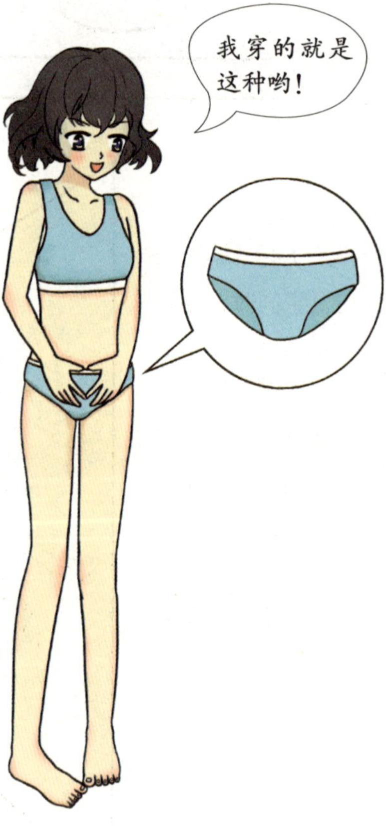

颜色：首推浅色内裤，有利于通过内裤上的分泌物观察阴部的健康状态，而深色内裤不太方便观察。而且，颜色鲜艳或深色的布料一般都需要进行加工印染，经常穿，对阴部健康也不好。

材质：纯棉的最好了，透气、吸汗，穿着舒适，不易滋生细菌。

款式：最普通的、不带装饰的那种就可以了，不要只是追求样式的美观，舒适度也很重要哟！

尺码：舒适合体或稍微大一点儿的比较好，尽量不要选择太紧的内裤，否则不利于血液循环，也会造成私处环境潮湿闷热，容易滋生细菌。

还有啊，内裤要天天换，天天洗哟！

只穿了一天，看起来不脏？嗯……看起来好像是没脏，可是你一定想不到，穿了一天的内裤上面已经有了无数的细菌了。如果不及时换洗，这些细菌就要作乱了。

所以，不要犯懒哟，每天晚上换下内裤后，用专用的内衣洗衣液及时洗干净，而且，一定要和其他衣物分开洗！

洗好之后，最好是烘干，或者放到太阳下晒干，能起到杀菌的作用哟！

内裤穿多久就要扔掉？

一般来说，经常穿的内裤最好半年一换。但如果内裤变形了，弹性减弱了，或者裤裆部位变硬、变黄了，都要果断扔掉，否则就是在囤积细菌了。

内裤上白色的东西是什么

雪儿，最近我突然发现我的内裤上总有一些稀糊状的东西，把内裤弄得湿湿的，有时候还会有一些白色糊状或像鸡蛋清一样的东西。

开始我也没在意，可是每到月经前的几天，内裤上这些白色的东西就变得更多、更黏稠了。

我在洗内裤的时候，用手摸了摸，发现这些东西黏黏的，还能拉丝……

我还偷偷闻了闻，也没有什么怪味道。

这……这些是什么东西呀？从哪儿来的啊？

唉，好怕我自己是得了什么病啊。

1. 妈妈说这就是白带

为了把内裤上的“脏东西”洗掉，我每天晚上都要费不少“心血”， 妈妈见我这几天总是把自己关在卫生间里“洗刷刷”，就好奇地问我怎么了。

啊？这就是白带啊！可算见着庐山真面目了。

雪儿，还记得我们前面提过这个名字吗？之前说月经开始之前内裤上会有一些奇怪的东西，还说经血有腥味儿，因为里面混合了阴道的分泌物——白带。

嘿嘿！说的就是这个啦！

白带是从阴道里面流出来的分泌物，有一定的规律性，在经期前或排卵期时，通常量会增多，所以，它的出现也是雌激素的作用哟！

我现在不担心了，可是……白带有什么用呢？

2. 白带有什么用

嗯哼，不要小看白带哟！它可是我们的朋友，可以反映出我们身体的健康状况，还是我们身体的“小卫士”呢！

第一，白带可使阴道内保持湿润的状态，减少阴道前后壁之间的摩擦，避免受伤。

第二，白带中的成分能抑制各类致病菌的生长，这也就是阴道的自洁作用哟！

第三，白带增多是排卵期的特征，一般白带最多、最稀薄、拉丝能力最强的一天往往就是排卵期哟！

第四，医生会根据白带的颜色、气味等判断我们的生殖系统是不是健康。

是不是白带分泌得少了，我们反而容易得病呢？

嘿嘿！说对了！白带太少就相当于身体少了一道防线呢！

3. 什么样的白带是正常的

正常的白带是白色糊状或蛋清样，无味，有时黏稠。

青春期女孩的白带受雌激素的影响，有周期性变化。

排卵期：白带量增多，稀薄透明，具有黏性并能拉成长丝状。

排卵 2~3 天后：白带变混浊、黏稠，而且量很少。

月经前 3~4 天：白带量增多，呈乳白色或无色透明。

月经排干净后：白带量少，白色，呈糊状。

4. 什么样的白带不正常

不正常的白带，量、颜色、质地、气味儿都会发生变化哟，这也是在给我们发信号，提醒我们身体出问题了。妈妈说，白带就是女性生殖道的镜子，就是这个意思啦！

不正常的白带	伴随症状	提示的疾病
白带色黄或白，呈乳酪状或豆腐渣样	常伴严重外阴瘙痒或灼痛	真菌性阴道炎
白带稀薄脓性，色黄，泡沫状；或者白带像米泔水样，色灰白，有臭味	伴有外阴灼痛，小便时更厉害，外阴瘙痒	滴虫阴道炎
白带增多，灰白色、稀薄、泡沫状，有鱼腥臭味儿	外阴瘙痒	细菌性阴道病

白带异常虽然不能绝对地说是有妇科疾病，但起码说明我们的生殖道不健康了。所以，如果觉得白带不正常，千万不要害羞，要赶紧告诉妈妈，及时去医院做检查和治疗哟！

你知道应该去什么医院吗？月经、白带这种与女性相关的病去医院，挂妇科就可以了。

是不是感觉像我们这样的小孩子去看妇科有点儿怪怪的？不用觉得害羞哟。有什么问题，都必须经过诊断才能知道，所以不要犹豫，不要害羞，去医院检查一下吧。

白带有味儿，下面还很痒，好难受啊

雪儿啊，上次还跟你讨论白带呢，没想到我的白带就出问题了。

白带明显增多了，颜色发白，像奶酪一样，气味儿有些难闻。

而且……而且下面还很痒，非常痒啊，总想抓挠。

啊！真是太难受了！

我肯定是生病了。我得去跟妈妈说一下，她是妇科医生，一定知道我是怎么了。

等有了结果我再告诉你啊！

妈妈带我去医院妇科检查了

雪儿，我跟妈妈说了，妈妈说我应该是患了真菌性阴道炎，但具体情况还需要去医院检查才能确诊。

妈妈工作的妇产医院，虽然我去过很多次，可都是去找妈妈，看病……还是第一次，想想还是觉得不好意思。

既然是阴道炎，肯定会看那里了，让陌生人看，也……也太丢人了！

还是让妈妈帮我检查吧，可那……那也很不好意思嘛！

唉……不想去医院啊……

虽然很不情愿，但为了自己的身体健康，我还是跟着妈妈去了医院。

妈妈还要上班，所以先跟我说了大致的流程，就让我自己去看病，正好锻炼一下。

不过，除了取阴道分泌物的过程让人害羞外，其他听起来好像和我们小时候在儿科看病的时候一样。

反正不管怎样都要检查的，那我就收起不好意思，大大方方去检查好了！

我来告诉你去医院应该怎么做吧！

如果你需要去医院的时候，也就不会忐忑不安了。

到医院首先要到挂号大厅挂号。提醒你哟，去医院一定要带好身份证。因为挂号要用就诊卡，如果你没有这个医院的就诊卡，就要先用身份证办一张。

挂号有两种方法：

1. 到挂号窗口挂号。

2. 到自助挂号机上挂号。

挂好号之后，会拿到一张挂号单。

然后拿着挂号单，到妇科诊室外面等待就可以了。

等听到广播喊你的号码，或者护士出来喊你的号码的时候，你就可以进诊室看病了。

你要先把你的就诊卡交给医生，然后医生会先进行问诊，嗯……就是问问你怎么了，这时你就要尽可能详细、真实地描述自己的病症，方便医生做出初步的诊断。

如果你有其他问题，也要一并向医生咨询，医生可以综合判断和治疗。医院不是会经常来的地方，既然来了，该问的都问清楚了才好啊！

问诊结束之后，医生就大概有了判断。然后医生会给你一个检查垫子铺在检查床上，让你躺上床，给你检查外阴和阴道。

检查时，要把内裤脱下，双腿打开曲起，露出阴部。医生会先检查外阴，看看外阴有没有炎症。

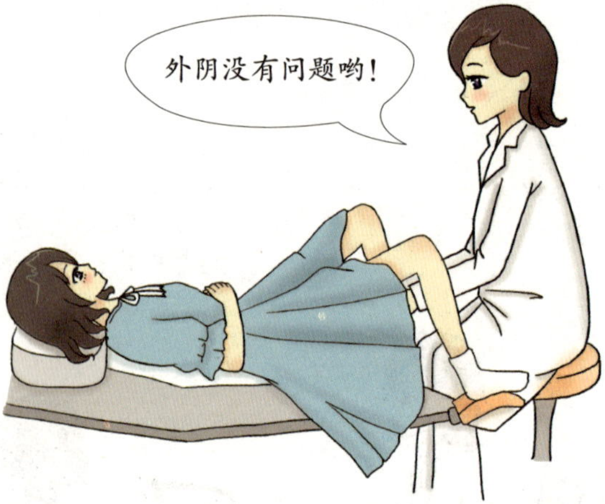

一般来说，检查阴道需要用窥器。窥器就是像鸭嘴的一个器械，把它放进阴道里，把阴道撑开，这样就能看清宫颈和阴道里的情况了，然后从阴道里取白带。

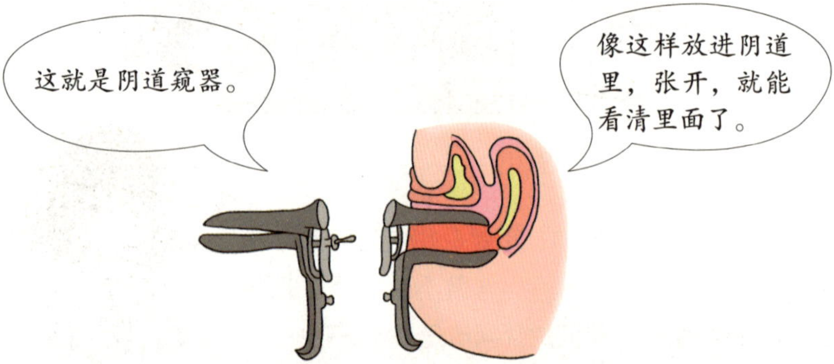

嘿嘿！别怕哟，我们现在还是少女呢，所以医生是不会给我们用窥器的，否则会伤到处女膜。所以，阴道里面是看不到了，不过医生会用消毒棉签放进阴道里取分泌物，这样就不会破坏处女膜了。

取了分泌物样本，拿到化验室化验。

你问我什么是处女膜？这个问题我们后面再讲吧！

呜呜……医生说我患了阴道炎

雪儿，我的检查结果出来了。现在医院都是自助打印化验单了，把就诊卡插入自助化验单打印机里，如果结果出来了就会有显示，再点“打印”，把化验单打印出来，拿给医生看就可以了。

医生看了我的化验单，说……说我得了真菌性阴道炎。

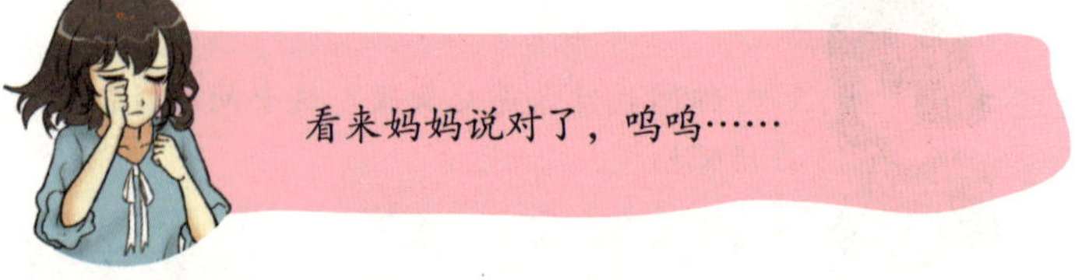

医生给我开了药，因为我们这样年纪小的女孩不能给阴道直接用药，所以医生给我开了清洗剂和口服药，并且告诉了我用法，还给我讲了很多注意事项。

注意事项：

1. 内裤要选择棉质的，宽松舒适，透气性、吸汗性要好。
2. 内裤每天换洗，天气热、出汗多时可多次换洗。
3. 内裤最好用中性肥皂单独清洗，不要和其他衣服一起洗。
4. 不要穿着太紧的裤子或裤袜，应尽量保持通风和干燥。
5. 上完厕所记得由前往后擦，减少感染的机会。
6. 使用公共厕所时尽量避免用坐式马桶。
7. 来月经时，洗澡要用淋浴，切忌盆浴。
8. 饮食清淡，多喝水。
9. 忌食海鲜发物、腥膻之物，如虾、蟹、羊肉等。
10. 忌食辛辣食物。

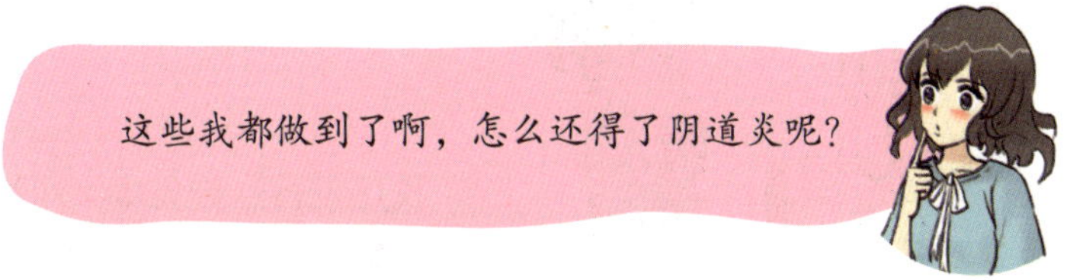

都是护垫惹的祸

妈妈知道了我的检查结果，也跟我说了一堆注意事项。可是这些我都做到了啊，为什么还会得阴道炎呢？

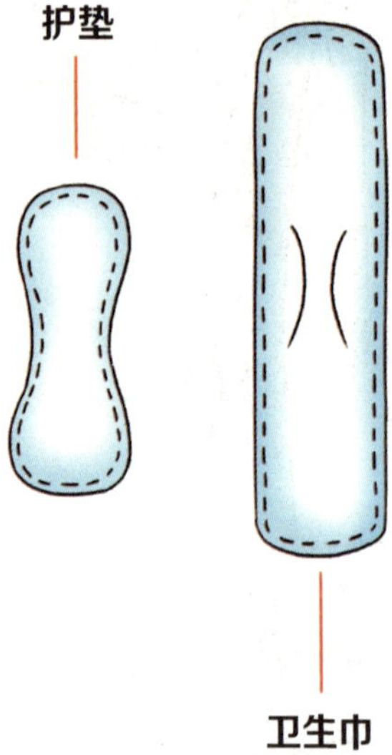

妈妈就帮我一起找原因，后来无意中看到了我的护垫。

护垫？这怎么可能？因为月经过后内裤上总有些乱七八糟的东西，所以我就买了护垫垫上。

白带多的时候也会用，我还觉得这样省事又干净呢，谁知道竟然惹病上身！

当然啦，也不是绝对不可以用护垫，只是没有必要天天使用。雪儿，如果你也在用护垫，可千万要吸取我的教训啊。我就是你的前车之鉴，得这个病实在是太痛苦了！

有些护垫表面不是棉质的，长时间使用容易引起皮肤过敏。还有的护垫可能卫生并不达标，所以不能长时间使用护垫哟！

我的阴道炎终于好啦

雪儿，告诉你一个好消息，我的阴道炎终于好啦！

白带已经恢复正常，下面也不痒了，可算松了一口气。

没想到一个小小的护垫就让我受了这么多的罪，以后我还是不要每天都用了。

妈妈说以后还要注意阴部的清洁卫生，避免复发，我肯定会牢记的。

总之，我现在很开心，哈哈！

其他的妇科检查还有什么

雪儿，你妈妈要带你去做妇科检查？这是好事，千万不要害羞啊！

我当初要去医院的时候也是很抵触，去过之后才发现，妇科检查其实和其他的身体检查没什么区别，完全不像你想象得那样可怕哟！

我上次做的是白带检查，其他的妇科检查我也了解了一些，现在就都告诉你吧！

再强调一次哦，去医院的时候，记得带上身份证，办就诊卡时要用的。

挂好号，见到医生后，医生会先问你月经的情况。所以，下面这些问题你要先准备好，免得医生问你的时候答不上来。

初潮是几岁开始的？
月经周期是多少天？
月经周期是不是规律？
一般经期持续几天？
最后一次月经是什么时候？
经血量是多少？
有没有血块？
是不是痛经？
有没有阴部瘙痒？
白带的量、质地、颜色、气味儿有没有异常？
胸部有没有不舒服？
还有没有其他感觉不舒服的地方？

这样的对话叫作“问诊”，问诊结束之后，医生会根据你的情况，为你做一些必要的检查，如血检、尿检、B超等。如果你的白带也不正常，医生会用棉签取些阴道分泌物送去做化验。

医生开了检查单子之后，要先去交费处交费，然后再去做各项检查哟。

血检、尿检都是常规的检查项目，看看是否贫血或有尿道感染什么的。

验血要先采血，会有点儿疼，但不用害怕。露出一侧胳膊，握拳，然后护士就会给你处理好的。

采完血之后，要用棉签压住针眼儿，直到不再出血就可以了。

验尿当然要先去接尿啦，所以在没有确定检查什么项目之前，先不要去洗手间哟，免得需要尿检的时候却发现自己没有尿，嘻嘻！

取一个装尿液的杯子，那是个一次性的小塑料杯子。然后去卫生间接适量的尿液，嗯……大概三分之一杯就够了，最后送去化验室化验就可以了。

注意啦！接尿的时候要接取中段尿哟，就是最先尿出的一部分尿液舍弃不要，取中间一段尿液。这样可先冲走尿道口附近的细菌，以免污染样本，影响化验的结果。

你不是痛经很厉害吗？那就需要做个B超了，也就是超声波检查，看看子宫、卵巢等有没有异常。

要做B超呢，就要先憋尿，当膀胱积满尿液的时候，才能看清子宫和卵巢的情况。

所以，如果尿液不足，就赶紧去多喝水吧！

等感觉急着想去小便的时候，就可以去B超室找医生做检查了。

首先平躺在检查床上，露出小腹。雪儿，记得做B超检查时，穿上下身分开的衣服，这样更方便检查。如果穿着连衣裙，就要把裙子掀起来……那样多羞人呀，是不是？

之后，医生会在你的小腹上涂上一些黏黏滑滑、类似胶水的液体，这种液体其实是一种超声耦合剂，可以提高B超结果的准确性，同时还能起到润滑的作用。

然后医生就用一个扁扁的机器在小腹的各个部位按压，这样我们肚子里的情况就能在显示器上看到了，是不是很神奇？

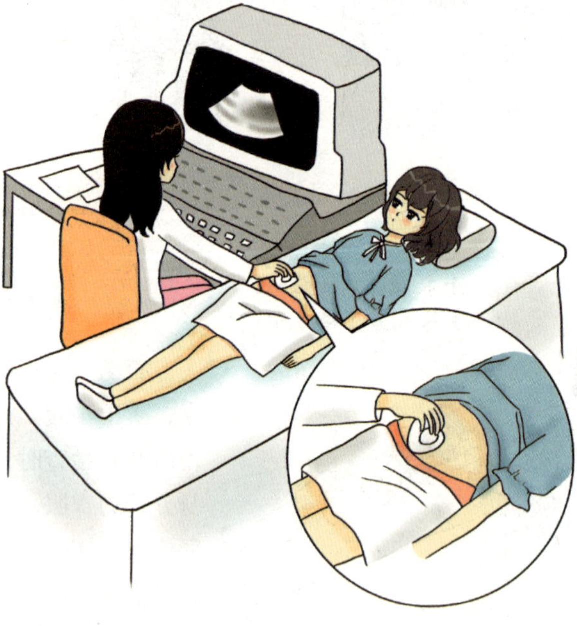

检查结果很快就能出来了，然后拿着检查结果去给医生看就可以啦！

雪儿，怎么样？检查很容易吧？做妇科检查的医生都会很细心体贴的，所以，你不必害羞，也不用担心，放心大胆地去医院吧！

我怎么感觉臀部变大了

雪儿，我发现我的身体又有新变化了，说起来有点儿不好意思，就是……我感觉臀部变大了，嘿嘿！

昨天找衣服，看见一条我以前很喜欢穿的牛仔裤，就想穿着去上学。结果一穿，腰还合适，可是臀部的布料都快绷裂了，这要穿出去还不被人笑死啊！

我跟妈妈抱怨裤子缩水了，妈妈听了就笑，说不是裤子缩水了，是我的臀部变大了。

这样一说，我才想起来，臀部变大也是青春期要经历的变化呀！我怎么给忘了。

青春期女孩骨盆会变宽，臀部就会堆积比较多的脂肪，使得臀部逐渐变大、变圆。

也就是说，现在，我们女孩的曲线就要显现出来了。所以说，我很快就要拥有前凸后翘、玲珑有致的身材了，哈哈！

但是，如果不爱运动，坐着的时间太长，就会导致臀部的脂肪堆积过多，让身材走样。所以，我们有时间就多做做下蹲运动吧，这样能把臀部的肌肉变得紧致上翘。

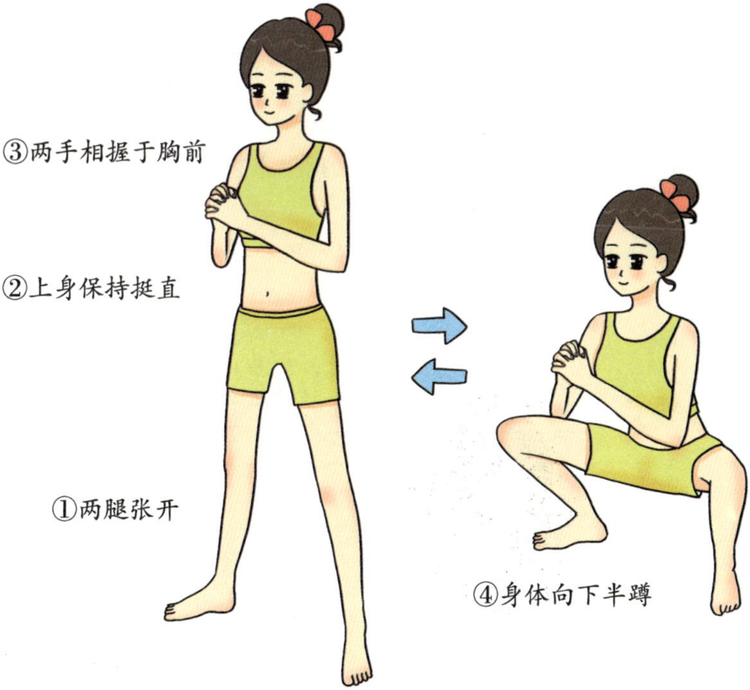

应该学着自己检查乳房了

雪儿，你开始乳房自检了吗？

不知道乳房自检这回事？那我告诉你啊，15岁以上的女孩就应该学着自己检查乳房了。这样的话，如果乳房出现问题，就能及时知道了。

想知道怎么自检？嘿嘿！我已经学会啦，现在就教给你哟！

乳腺检查的最佳时间是月经结束后1周左右，比如1日月经排干净了，那从1日向后数7天，那7日左右就是最适合检查乳房的时间了。

多久检查一次？我们这个年龄的女孩，如果没有突发的不舒服的感觉，每半年自检一次就可以了哟！

检查时，四指并拢，平抚乳房，用指腹感觉有无硬块或结节，切忌用手指去抓或捏哟！

乳房自检一共有四个步骤，缺一不可哟！

第一步：看

洗完澡后，站在大镜子前，双手用力叉腰或者举过头顶。左右转动身体，分别从正面、侧面等不同角度观察乳房，看看乳房的外形和大小是否产生了变化，乳房两边是否大小对称，有没有不正常的凸起，皮肤和乳头是否有凹陷或湿疹。

第二步：触

右手上提至头部后侧，用左手四指指腹触摸右侧乳房，感觉是否有硬块。注意要地毯式触摸整个乳房范围，从右侧锁骨下开始一点一点、缓慢地转圈触摸，每个地方都不要漏掉，一圈一圈往里面缩小……缩小……一直到乳头。同时还要注意触摸一下锁骨上窝、腋窝，看有没有长疙瘩。

然后用同样方法检查左边乳房。

第三步：卧

平躺在床上，右肩下垫上小枕头或折叠的毛巾，让乳房平坦。将右手枕在脑后，用左手指腹触摸右侧乳房，可以转大圈触摸，也可以转小圈触摸，检查整个乳房范围是否有肿块。然后用同样的方法检查左侧乳房。

扫码解锁
解密青春期
聆听有声书
花季答疑台
心事日记本

第四步：挤

用拇指和食指轻轻挤捏乳头，感觉乳头下是否有硬块，观察乳头有无分泌物，分泌物是什么颜色的。

解密青春期
聆听有声书
花季答疑台
心事日记本
扫码解锁

关于宝宝的那些事

1. 小宝宝是怎么生出来的

前面我们说过了，精子和卵子结合在一起就成了受精卵。之后，受精卵一边沿输卵管向子宫方向移动，一边迅速地进行卵裂，大约 4 天后到达子宫，并在子宫内膜上生根发芽。

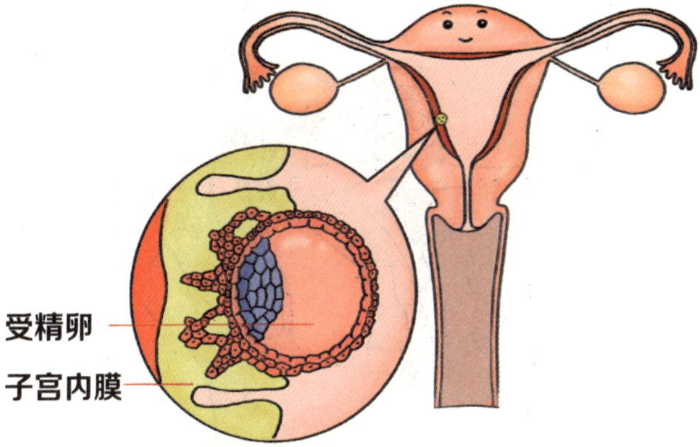

受精卵在子宫内开始发育，变成了胚胎组织，也就是我们说的胚芽。

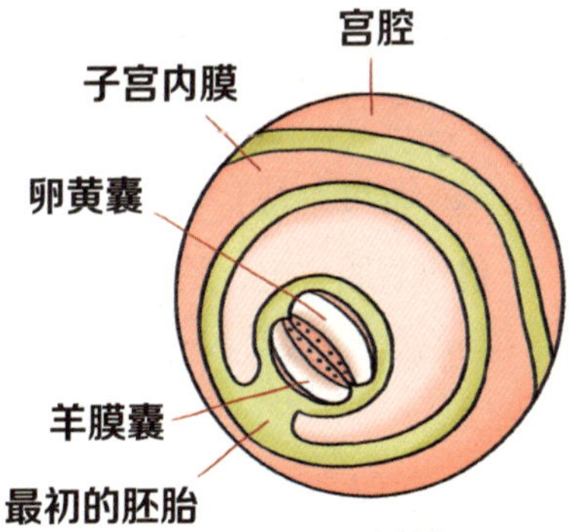

这时候的胚胎虽然还很小，但心脏已经开始跳动了。

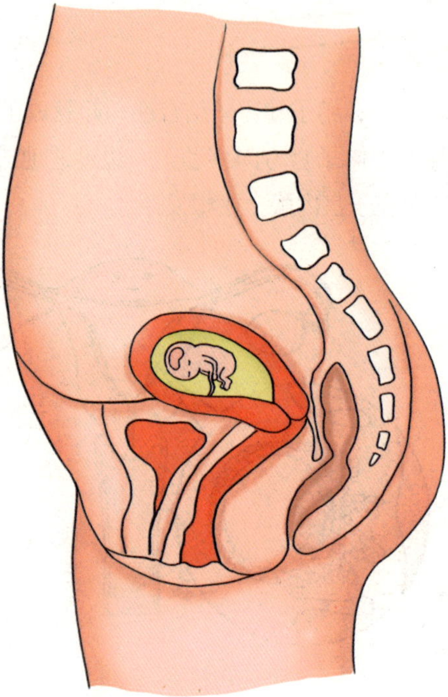

胚芽继续长大，就有了胎盘、脐带和羊膜囊。羊膜囊包裹着胎宝宝，胎盘附着在子宫内壁上，脐带连接胎宝宝与胎盘。这样，一个单胎宝宝就形成了。

到8周的时候，宝宝的手、脚、头、躯干已经长成，是一个小小的人啦！

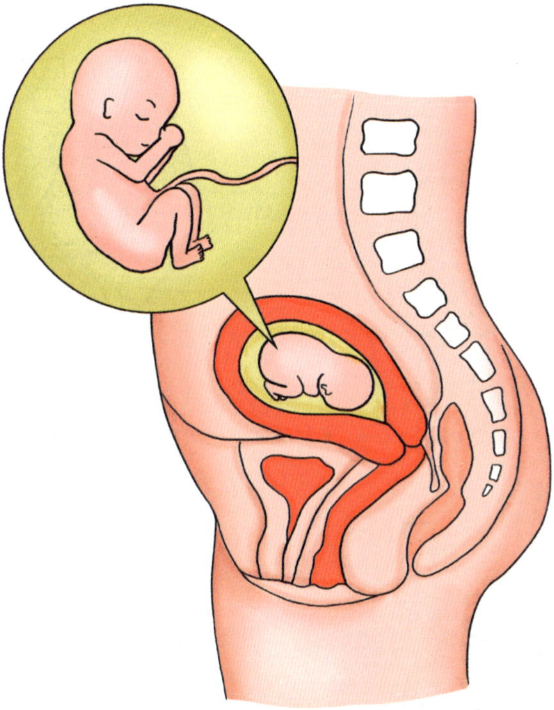

宝宝越长越大，到 12 周的时候，身体结构已经全部成形了，关节能够活动，有了手指和脚趾，性器官也在这个时期形成。

到 20 周的时候，宝宝已经在妈妈肚子里玩要了，妈妈能感受到明显的胎动。

到 24 周的时候，宝宝的脏器已经发育，宝宝能睁开眼，还能跟妈妈互动了。

到 32 周的时候，宝宝对声音和光线都非常敏感。

到 36 周的时候，宝宝发育已经基本完善了，这时候出生也能存活了。

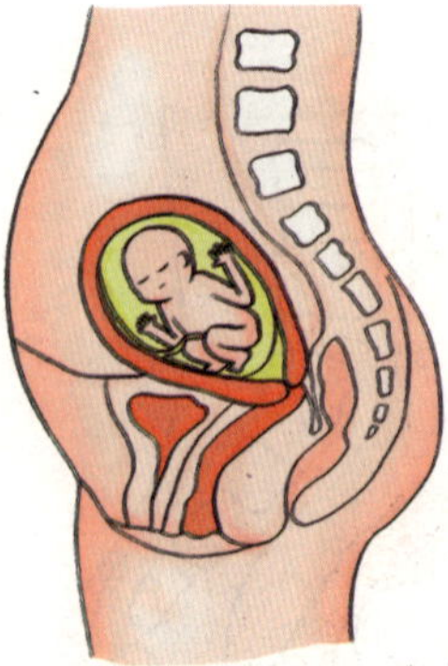

20 周

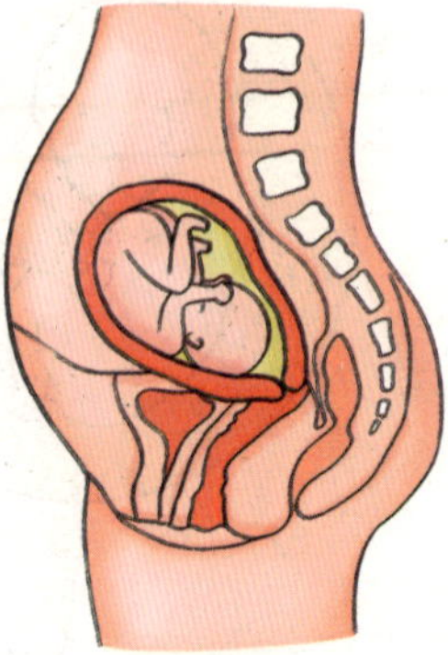

24 周

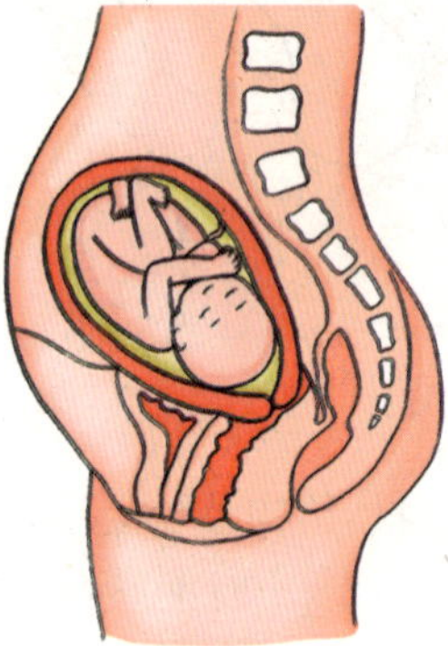

32 周

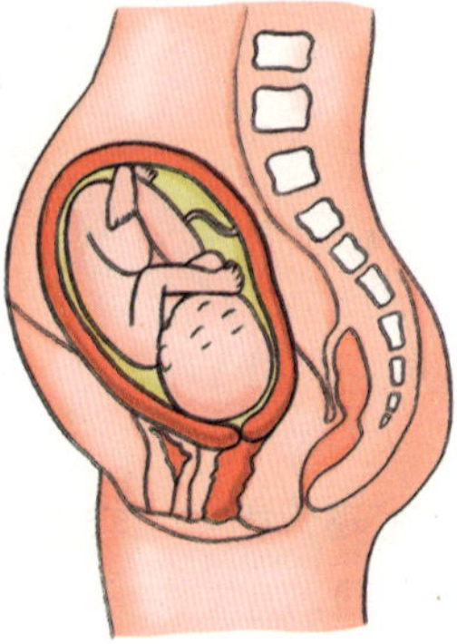

36 周

解密青春期
聆听有声书
花季答疑台
心事日记本
扫码解锁

到 40 周的时候，宝宝就想要出来了，他会给妈妈发信号。妈妈的身体接收到宝宝传递的信号后，就会把子宫口张开。然后宝宝就会转动身体，从妈妈身体里出来了。

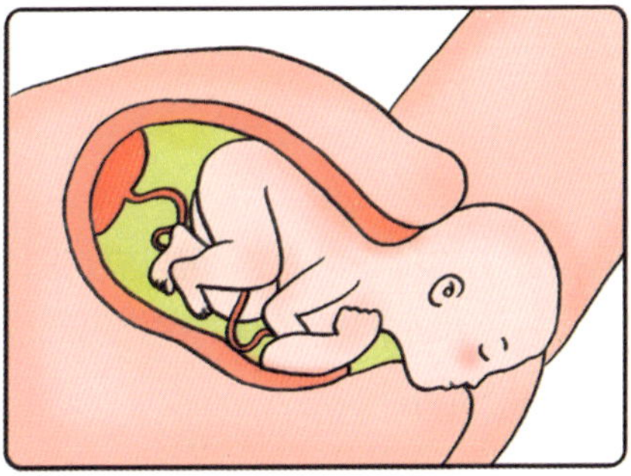

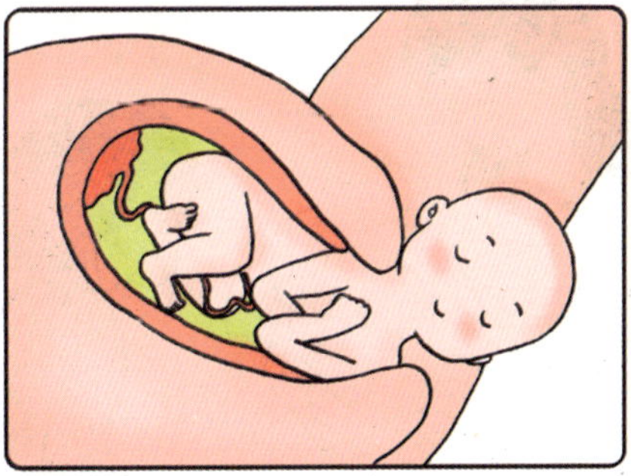

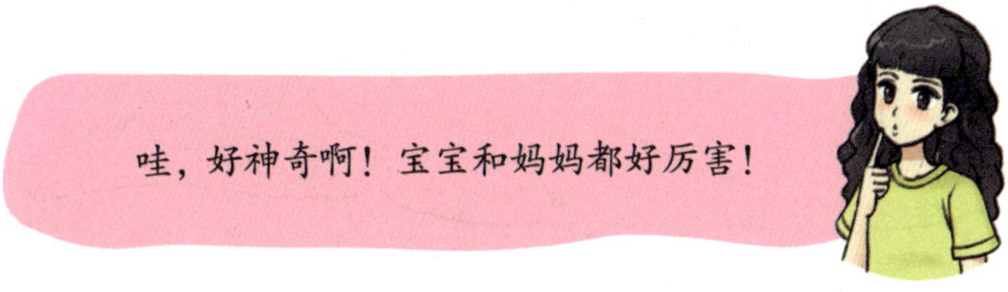

就这样，宝宝离开了妈妈的身体，诞生到了这个世界上。

你，我，还有世界上的每一个人，都是这样来到这个世界上的。由精子和卵子结合成一个小小的受精卵，在妈妈的肚子里逐渐长大，再到出生，这个过程是不是很神奇？

宝宝这样出生的方式叫顺产，你说你不是这样出生的？那你是……剖宫产？

对，这也是宝宝出生的一种方式，就是在妈妈肚子上开个口子，把宝宝从妈妈肚子里直接抱出来。

但在宝宝生出来之前的那些程序都是一样的嘛！

剖宫产是在不得已的情况下才会采用的生产方式，比如妈妈生了病，或者胎儿太大、胎位异常、子宫内缺等问题。这些异常状况使妈妈不能自然生产，就只得剖宫产了。

所以说，做妈妈虽然是很幸福的事，但生孩子是有风险的！因此，妈妈才更伟大。现在我们知道了妈妈的不容易，就要更爱自己的妈妈哟！

2. 为什么有人生男孩，有人生女孩

这个是我非常好奇的一件事。雪儿，你也很好奇吧？我可以先告诉你。

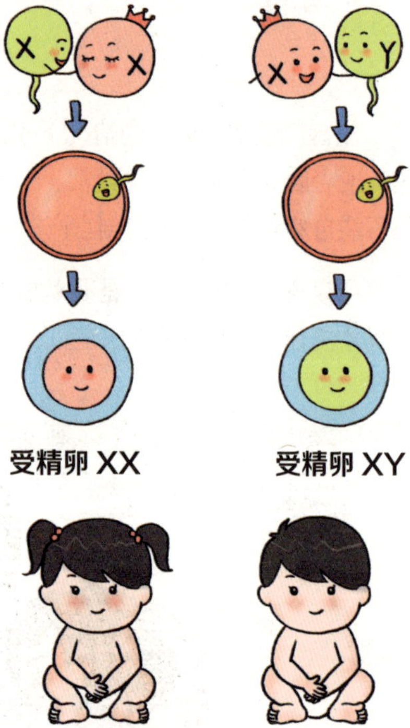

没想到吧？确实如此哟。男人的两条性染色体不一样，一个是X染色体，一个是Y染色体，而女人的两条完全相同，都是X染色体。

男人会生成两种精子，即X型精子和Y型精子。受精时，如果是X型精子与卵子结合，形成受精卵XX，那就会生女孩；如果是Y型精子与卵子结合，形成受精卵XY，那就会生男孩喽。

在自然状态下，不同的精子与卵子的结合是随机的，所以，生男生女这件事，是随机的哟！

3. 双胞胎是怎么产生的

雪儿，你喜欢双胞胎吗？反正我每次见到都要多看几眼，觉得他们太可爱了。

当然，更多的是好奇，有的人怎么能一次就生出两个宝宝呢？而且有的长得一样，有的长得不一样。嘿嘿！所以我专门去查证这件事了。

原来长得一样的宝宝叫同卵双胞胎，是受精卵在分裂时，一个变成了两个，然后各自形成一个胎芽，最终就形成了两个一模一样的宝宝。

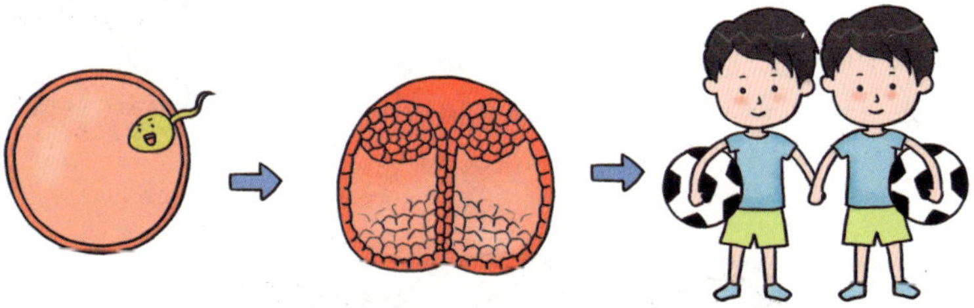

长得不一样的宝宝叫异卵双胞胎，是卵巢同时排出了两个卵子，又各自与精子结合，到了子宫里，也是各长各的，互不干扰。所以，生出来的宝宝长得就不一样了。

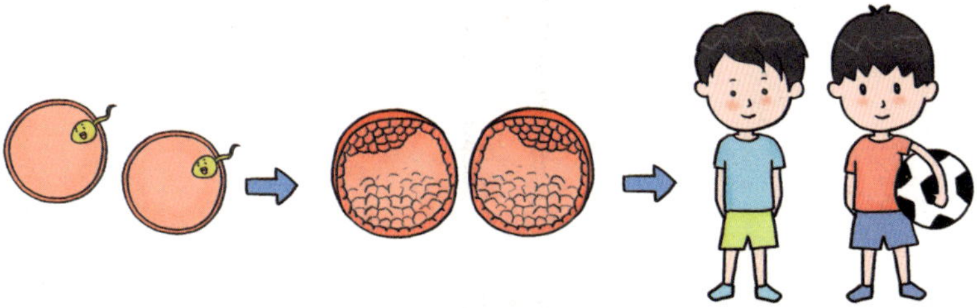

4. 什么是处女膜

雪儿，你说想知道什么是处女膜？嘻嘻！我发现你现在越来越大方了，一开始问这类问题都很害羞、很不好意思呢！

这就对啦！对于“性”问题的好奇是青春期的正常心理，大方地面对问题，女孩们才能更好地保护自己，是不是？

处女膜并不是膜，而是环绕在阴道口的一圈黏膜皱襞，在胎儿3~4个月的时候就出现了。处女膜中间有一个直径1~1.5厘米的小孔，我们每次来月经时，经血就是从这个小孔里流出来的。

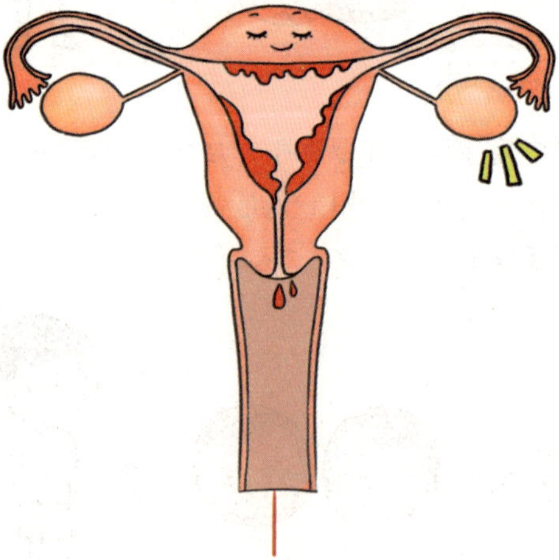

在青春期之前，处女膜有抵抗病菌入侵、保护阴道的作用。但到了青春期之后，雌激素分泌增多了，阴道抵抗力加强了，处女膜也就逐渐失去了作用。

处女膜的形状、处女膜孔的大小因人而异，差别很大。

非正常形态的处女膜

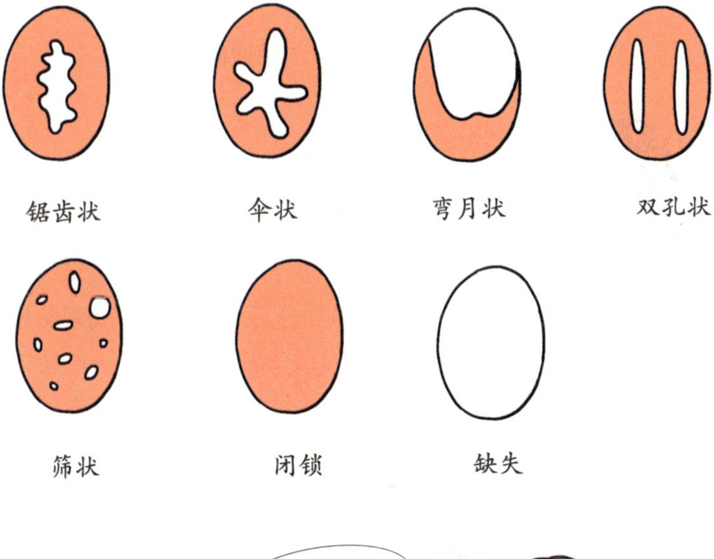

处女膜上没有孔这种情况比较危险，医学上叫处女膜闭锁，会使经血在阴道内积聚，还会逆流至子宫、输卵管、腹腔，造成腹腔感染，所以是需要到医院去治疗的。

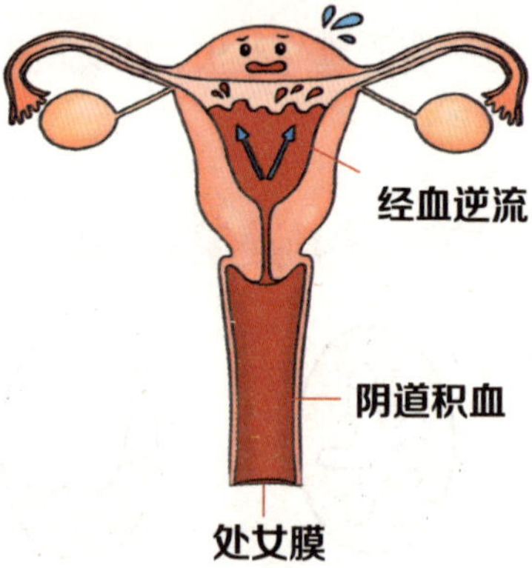

这里要说重点了：处女膜很脆弱，是很容易破裂的！

骑自行车、骑马等剧烈运动，或者使用卫生栓时不小心，或者受到外伤等，都可能使处女膜发生破裂。因此，不能仅凭处女膜是否破裂来判断是否是处女哟！

要不要再找一些新朋友

雪儿，你的检查结果没什么异常吧？

是不是像我说的那样，妇科检查一点儿也不可怕？对嘛！本来就没什么的。

我现在不再害怕去看妇科了，做检查时也没那么害羞了，你也是吧？

其实，我希望更多的女孩也能像我们一样，不再害怕去见妇科医生。

因为她们对有关性的基本知识了解得很少。当青春期来临时，身体上会出现很多变化，她们不知道是怎么回事，从朋友和父母那里也得不到有效的帮助。这时的她们，在面对这些变化时，难免会惊慌不安，就像我们最初那样。

如果她们在遇到性困惑或健康问题时，能马上到医院找医生咨询，那该有多棒啊！是不是？

所以，你说我们要不要多找一些新朋友？把我们的微信聊天中重要的内容发给她们看，这样，就可以让和我们一样的女孩了解到更多的有关性的知识，对自己的身体有更多的了解，教大家坦然面对自己的变化，懂得珍惜自己的身体，顺利度过青春期。

雪儿，我们一起试着找找，怎么样？

又有好多朋友加我为好友了

雪儿，我不是说要多找一些新朋友吗？

嘿嘿，没想到，有好多同龄的女孩加我为好友了。

哈哈！我真是太高兴啦！

好多人都向我问这问那的，我都回复不过来了。我干脆建了一个群，群名就叫“12 岁懂自己”。

我也把你拉了进来，然后你再邀请你的朋友们，以后有什么问题就在群里说，大家就都能看到了。

你现在了解得也很多了，和我一起当个传播青春期生理知识的小老师吧，好不好？

现在休息休息吧！

码上阅见精彩
我的青春不迷茫!
聆听有声书
声临其境
收听名作家笔下的青春成长故事
解密青春期
动画解读
领取女孩的青春期修炼手册
心事日记本
专属笔记记录下你自己的青春期小秘密
花季答疑台
小胡子 来月经
青春期疑惑帮你解答

chanel

chanel